JN085197

日本史の賢問愚問

山川出版社

まえがき

　本書は，山川出版社が刊行する広報誌『歴史と地理』の日本史部門『日本史の研究』に長年にわたって掲載されてきた「賢問愚問」のコーナーの記事をまとめたものです。

　2021年より，新しく「大学入学共通テスト」が始まろうとしています。日本史においても，社会の発展とか歴史の流れとかいう言葉で表現される，個々の事実や人物をこえた社会のしくみと歴史の大きな動向・発展の筋道やその要因についての理解が求められます。すなわち，歴史的なものの見方の重要性がより一層強調されるようになってきました。しかし，そのためには，日本史上の事件や人物について一定の知識をもち，それぞれの時代の特徴とか時代像についてより一層の理解をもつことが必要になります。

　また，日本史の研究が進展するにつれて，時代の特徴や時代像が変化するばかりではありません。事件の名称や人物の性格もそれまでの理解とは異なることが多くなってきました。

　この「賢問愚問」にも，より深く理解するための知識や事件の名称の変更に対する質問が数多く寄せられてきました。「賢問」ばかりではなく「愚問」の中にこそ，日本史の研究動向や日本史の事象にかかわる重要な質問が多かったのです。

　日本史の学習はたやすいものではありませんが，歴史的なものの見方はさまざまな疑問を考えることから始まります。複雑にからみあう１つ１つの史実に対する疑問にこたえることで，日本史の発展が見えてくると思います。

　本書がそうした日本史の疑問に少しでもこたえることができ，日本史を学ぶ楽しさを感じていただければ幸いです。

編　者

目次

第Ⅰ部　原始・古代

第Ⅱ部　中世

第Ⅲ部　近世

第Ⅳ部　近代・現代

第Ⅰ部　原始・古代

日本列島に人類が住み始めたのはいつか

　人類は，今から700万年前に誕生したとされています。写真は，2001年にアフリカのチャドで発見され，人類の特徴である直立二足歩行したことがわかっている最古の化石の頭蓋骨です。トゥーマイ猿人と名づけられています。なぜ，頭蓋骨だけで二足歩行をしていたのかがわかるかというと，脊髄が出る大後頭孔が頭蓋の下方に位置しており，直立の可能性が高いということです。しかし，まだトゥーマイ猿人は半樹上・半地上性の生活であったようです。

人類の進化

猿人（アウストラロピテクスなど）	700万年前 ────── 150万年前
原人（ホモ＝エレクトゥスなど）	250万年前 ──────────── 5万年前
旧人（ホモ＝ネアンデルタレンシスなど）	50万年前 ──── 4万年前
新人（ホモ＝サピエンスなど）	20万年前 ────

(山川出版社.『詳説日本史』Bより)

トゥーマイ猿人の頭骨化石

　人類はアフリカ大陸で生まれましたが，なぜ，アフリカ大陸のみでさまざまな人類が発生したのかはわかりません。猿人はアフリカにしか生活していませんでしたが，原人は誕生したのちにユーラシア大陸へ進出します。教科書に出てくる北京原人やジャワ原人は，アジアへ進出した子孫です。原人の次に旧人が誕生します。旧人もアフリカ大陸で生まれたようですが，旧人でよく知られている

のはヨーロッパのネアンデルタール人です。ネアンデルタール人は，葬
送の習慣をもつ精神性がありましたが，何十万年も同じ石器を使い続け，
我々の直接の祖先である新人のような石器の発達は見られません。

　新人も，今から20万年前にアフリカ大陸で出現したとされています。
そして，10万年前頃にアフリカ大陸を出ました。ユーラシア大陸へ進出
し，6～5万年前頃にユーラシア各地へ急速に拡大します。5～4万年
前頃，ユーラシア大陸には原人・旧人・新人の3つの人類が存在してい
ましたが，新人が原人や旧人の子孫を圧倒して優位に立ちました。

　アジア大陸を東進した新人は，4万8000年前頃に，ヒマラヤ山脈で南
北にわかれ，4万～3万8000年前頃に東アジアで合流します。日本列島
には，3万8000年前頃に新人の遺跡が見られるようになります。日本列
島で人類が暮らすようになったのは，この頃だといわれています。しか
し，どのルートでやってきたのでしょうか。本州や九州の遺跡の分布か
ら最も早いのは，対馬ルートと考えられています。石垣島や宮古島・沖
縄本島にも，遺跡・化石人骨が発
見されています。3万8000年前頃
の日本列島へきた新人は，航海術
をもっていたと考えざるを得ませ
ん。北海道における人類の存在は
日本列島では最も遅いのですが，
この人びとはシベリアからきたの
でしょうか。まだ，わかっていな
いことも多いのです。

日本人の祖先の渡来ルート

（国立科学博物館の資料より作成）

② 縄文人の生活と土器の関係はどのようなものか

　今，縄文時代が世界的に注目されています。なぜかといえば，世界史的には，人類が定住生活に入るのは農耕段階になってからと考えられており，それに対して日本の縄文時代は狩猟や漁労，植物採収に依拠する段階なのに定住生活を行っているからです。巨大な貝塚で有名な千葉県の加曽利貝塚では，数百年にわたり生活を続けており，巨大建造物で有名な青森県の三内丸山遺跡では5500〜4000年前頃まで1500年間にわたって同じ所で生活していたことがわかっています。

　縄文時代は1万3000年前頃から始まりますが，1万5000年前頃からは縄文時代の環境が整い始めました。過去100万年の間に10万年の周期で氷期と比較的温暖な間氷期がくり返されました。私たちが生活している間氷期は1万5000年前頃から始まり，温暖化のなかで狩猟に適した小動物（シカ，イノシシ，ウサギ）や木の実が採れる森林が拡大します。また，関東以北では大量のサケが遡上します。食料が目の前まできてくれる自然環境になったのです。

　土器は重く，それをもって移動するのはかなり困難です。一定期間の定住性がないと土器を所持できません。サケが遡上する河川の近辺に住み，大量のサケを貯蔵できれば，背負って移動する必要がないので，土器を保持することが可能になります。土器には調理（煮沸）と貯蔵の2つの機能がありますが，まず調理機能が先行し，より定住性が増すと貯蔵機能が出てきます。調理することで人体に与える毒素を排除し，より食べやすくすることができるからです。生の貝類はさまざまな毒素をもっていますが，加熱することで食べても安全な食品となります。どんぐり（トチの実，シイの実）は，土器のなかに水を入れてアク抜きをしないと食べられません。

縄文人の安定した食料は何といっても植物採収から得られます。秋に
なれば安定して収穫できるどんぐりや栗のほか，ヤマイモなどです。狩
猟は偶然性もあり，あまり安定した食料獲得手段にはなりません。青森
県の三内丸山遺跡の周辺には，広大な栗林が広がっています。この栗林
は自然林ではなく，人工林なのです。栗は自然界では１本ずつしか成長
しないので，栗林になること自体が人間の営みなのです。

　また，縄文時代の関東地方は温暖化か進み，また海面が上昇して内陸
へ深く入り込んでいました（縄文海進という）。そのため，貝が安定し
て取れました。東京都北区の中里貝塚は厚さ３～４m，幅100m，長さ
約1000mに及ぶ巨大な貝塚ですが，その貝殻はほとんどハマグリとカ
キという大量に採れて最もおいしい貝で占められています。この中里貝
塚は，貝の肉を加工し，内陸との交易にした貝工場の跡といわれていま
す。縄文時代の豊かで多様な姿が浮びあがります。

加曽利貝塚周辺図

中里貝塚の断面

北貝塚

竪穴住居跡
群観覧施設

E地点

博物館

貝層断面
観覧施設

B地点

南貝塚

大型竪穴跡

0　　　100m

復元集落

N

加曽利貝塚博物館（加曽利貝塚縄文遺跡
公園内）**へのアクセス**
（tel）043-231-0129
（車）京葉道路，貝塚ICから約７分
（バス）JR千葉駅東口９番乗場，「御成
台車庫（市営霊園経由）行」に乗車，
「桜木町」下車，徒歩約15分

③ 弥生文化の源流はどこか

　弥生文化は，水稲耕作を基礎とし，銅と錫の合金である青銅と鉄の金属器，木製農具をつくるために木を削ることができる大陸系の磨製石器，そして煮炊き用の甕，貯蔵用の壺，盛りつけ用の高坏などの弥生土器の３大特徴のほか，機織り技術をともなう新しい文化です。

　中国大陸では，まだ日本が縄文時代早期～前期にかけての8500～7500年前頃，北の黄河中流域でアワ・キビなどの農耕がおこり，それに小麦が加わることで生産力は上昇し，四大文明の１つとされる黄河文明が発達し，国家形成がみられるようになります。しかし，黄河文明は黄土高原を土台とする畑作の文化です。日本の弥生文化の基礎となる水稲耕作の農耕社会は，畑作文化とはまったく違います。弥生文化はどこで生まれたのでしょうか。

　7000～6000年前頃，中国の長江下流域に位置する河姆渡遺跡（浙江省余姚市）の発掘から，中国における水稲耕作の源流が明らかになってきました。1973年，姚江の氾濫を防止しようとする治水工事で，大規模な遺跡が発見されたのです。文化層の厚さは４m，その大半が海抜以下であったため，いわゆる水中保存の状態でした。文化層第４層内では稲の籾，葉，茎が400m²の面積にわたって高い土圧に押しつぶされているにもかかわらず数十cmの厚さで堆積していたのです。中国の学者によると，稲籾の重量で約120tはあると推測されています。その上，少なくとも３棟の木造建築物が存在していたことが判明しています。そのうちの１棟は，長さが23m以上もある，いわゆるロングハウスでした。また，耕起具の骨製・木製のスキ先も出土していて，ここで稲の人工栽培が始まっていたことは間違いないのです。

　稲の品種は「インディカ」と「ジャポニカ」とに，大きく２つにわけ

られます。現在，インディカは長粒種で東南アジアからインドの地域，ジャポニカは短粒種で日本を中心に東アジアで栽培されています。河姆渡遺跡の稲は，ジャポニカ型野生稲から栽培種になっていたことが明らかにされつつあります。

しかし，河姆渡遺跡では大量の動物骨が出土しています。このことから，まだ，稲作だけで食料を支えることができていなかったと考えられています。河姆渡文化から約1000年たった6000～5000年前頃の良渚文化では，稲への依存が高まってきます。それは，河姆渡文化の土器と良渚文化の土器の違いからわかっています。河姆渡文化の釜（図1）は，コメとともに魚介や獣肉・植物を煮る土器ですが，良渚文化の土器は3本足の鼎と甑が一体となっていて（図2），完全にコメを蒸して食べる土器へ特化しています。こうした長江流域の稲作文化が，中国社会の変動で周辺に波及し，金属器とともに日本へ入ってきたのでしょう。

図1　河姆渡文化の道具と良渚文化の道具

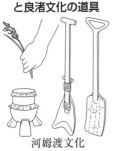

河姆渡文化

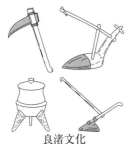

良渚文化
（中村慎一『世界の考古学20　稲の考古学』2002，同成社）

中国における稲作の拡大

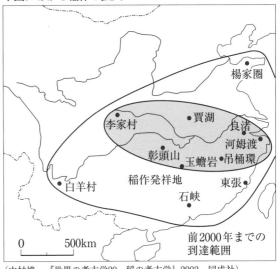

（中村慎一『世界の考古学20　稲の考古学』2002，同成社）

邪馬台国はどこにあったのか

　「邪馬台」は，当時の発音でいうと「ヤマト」であろうと考えられます。同時代の中国の人がそれを漢字にあてて，「邪馬台」と記述したと考えられます。邪馬台国の所在地としては，北九州説と大和説の２説があります。現在は，だんだんと大和説が有力視されてきました。それは，奈良盆地の東南，初期の天皇家が神として祀った三輪山のふもとにある纒向遺跡の発掘が進んできたからです。現在は，邪馬台国の都とは断定できないものの，弥生時代末期の３世紀中頃における日本最初の宮都が姿を現しつつあるのです。

　纒向遺跡の復元図を見てみましょう。三輪山のふもとに纒向石塚やホケノ山といった50〜80m級の弥生時代末期の墳丘墓がいくつか存在します。その上に道路が計画的に張りめぐらされ，河川を結ぶ人工的な運河もつくられています。その間に掘立柱建物群があり，都市機能があったことを推測させます。また，山陰・北陸・東海をはじめ，大和地方以外でつくられ，搬入された弥生土器が多数出土しています。さらに，全国各地の王の使者，いわば外交官のような人びとが駐在していたと考えている研究者もいます。ここから，ヤマト王権の意向を各地へ伝えていたのでしょう。

　復元図の左側，王宮の中心部とされ

纒向遺跡復元図

北
三輪山
巻向川
ホケノ山古墳
箸墓古墳
祭場　王宮中心部?
南飛塚古墳
纒向大溝
纒向石塚古墳
東田大塚古墳
勝山古墳　矢塚古墳
（寺沢薫画，一部改変）

る所から，2009（平成21）年11月，桜井市教育委員会によって大型建物群の発見が発表されました。発見のニュースは，邪馬台国の女王卑弥呼の宮殿である可能性が高いとする考古学研究者らの意見を，反対説とともに紹介しています。大型建物群は，確かに卑弥呼の時代である３世紀前半頃のもので，東西の軸線をそろえた建物群の計画性などからも，王の宮室と判断して差支えないものと考えられます。図１を見てみましょう。最も大きな建物Ｄの背後に，小さな建物Ｃと建物Ｂが同じ中心軸で並んでいます。そして，建物Ｄ・建物Ｃ・建物Ｂは柵で囲まれた特殊な空間，いわば聖域のようになっています。図２は建物Ｄの想定復元図です。こうした建物群の状況から，主軸の方向こそ違いますが，南北を主軸とする飛鳥・藤原・平城宮などの宮殿と同様の性格をもつ，３世紀前半頃の王の宮室であることはほぼ確実視されているのです。こうして，邪馬台国大和説がいっそう有力になってきています。

図１　纒向遺跡発見の大型建物群の建物遺構配置略図

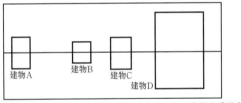

建物A　　建物B　　建物C
　　　　　　　　　　　建物D

（『纒向遺跡第166次調査現地説明会資料』桜井市教育委員会，平成21年より作成）

図２　黒田龍二氏（神戸大学）による纒向遺跡発見の大型建物（D棟）の想定復元図

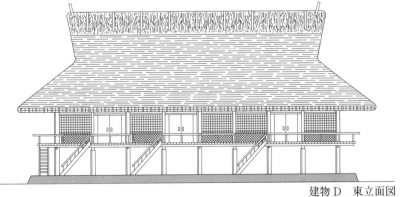

建物Ｄ　東立面図

（『纒向遺跡第166次調査現地説明会資料』桜井市教育委員会，平成21年）

5 卑弥呼の墓はどこまでわかったのか

　最初につくられた前方後円墳は，三輪山のふもとにある箸墓古墳であるとされています。全長約280mの巨大古墳です。突然，奈良盆地の東南部に巨大古墳が誕生するのです。古墳の大きさが政治権力の大きさを示すものであれば，一気に強大な政治権力が成立したことを意味します。

　さて，前方後円墳の形はどのようにして生まれたのでしょうか。詳しくはわかっていませんが，そのルーツらしい円形の墓が奈良県橿原市の瀬田遺跡から発見されました。それが，図の円形周溝墓です。円の直径約19m，その周りの溝が約6m，全長31mの墓です。円形の墳丘にわたるための土の陸橋が，前方後円墳の方形部のようになっています。箸墓古墳の近くにある纏向石塚古墳（墳丘の長さ約96m）は，よりいっそう前方後円墳の形に近くなっています。しかし，まだ箸墓古墳とは隔絶しています。箸墓古墳から古墳時代が始まるのです。

　ここで，「魏志倭人伝」やその前後の中国史書の記述を整理してみましょう。卑弥呼は，「倭国大乱」といわれる弥生時代末期の戦争のなかで，乱を収拾するために擁立され，248年以前に死去したとされています。その後，邪馬台国に男王が即位しましたが治らず，また卑弥呼の一族から13歳の女子の壱与が即位して邪馬台国が安定しました。

　最近，箸墓古墳の周囲から出土した土器に付着した炭化物（食べ物の

前方後円墳の成立過程の模式図（推定）

今回見つかった円形周溝墓　　纏向石塚古墳　　箸墓古墳

年	邪馬台国の年表
147〜189	・倭国大乱
	・卑弥呼の擁立
239	・卑弥呼，魏へ遣使
248	・魏への使者，卑弥呼の死を報告
260	・壱与が晋へ遣使

煮こぼれなど）を放射性炭素年代測定法で分析した結果，西暦240〜260年頃，箸墓古墳の完成が間もない時期のものとされました。ちょうど，卑弥呼が死亡した頃のものです。箸墓古墳は卑弥呼の次の女王壱与と関係する説もありましたが，卑弥呼の墓の可能性が高まりました。しかし，古墳は発掘してみないとわかりません。さらなる研究が必要でしょう。

　箸墓古墳の次に造営されるのは西殿塚古墳（全長220m）です。西殿塚古墳は，後円部に1辺約20m，高さ約2mの方形壇があり，その下に竪穴式石室があることが推測されています。さらに，前方部にもやや小規模な埋葬施設があることがわかっています。1つの古墳に2つの埋葬施設があるのです。「魏志倭人伝」の記述に，卑弥呼を補佐した男弟が記されています。後円部と前方部の方形壇の被葬者はどちらかはわかりませんが，一方は宗教的女王の壱与，一方は男の兄弟の政治的・軍事的王の可能性が高いと考えられています。

西日本における出現期古墳の分布

（白石太一郎『考古学と古代史のあいだ』2009，ちくま学芸文庫）

箸墓古墳（上）と西殿塚古墳（下）

⑥ 古墳はなぜ造営されたのか

　古墳は，なんのために造営されたのでしょうか。古墳はいうまでもなく，亡き首長を葬る墓です。ただ，長い年月とばく大な労働力を費してまで巨大な墳丘をつくりあげたのは，首長の死を弔うこと以外にも意味があったからと考えられるようになってきています。現在，定説となっているのは，亡き首長から新しい首長へと首長権（霊とともにある）が継承される場とする考え方です。一方，亡き首長が残された集団を守るために，「カミ」となる場であったとする見解もあります。古墳では，残された集団にとって重要な儀礼が行われ，埴輪はそうした場において，重要な役割をはたしていたのです。写真は，継体天皇陵と考えられつつある今城塚古墳（大阪府高槻市）の埴輪列を復元したものです。東西約60m，南北約6ｍの祭祀区域に，家，蓋（衣笠ともいい，貴人の行列にさしかざす傘），巫女，武人などの100以上の埴輪が整然と立ち並んでいます。まさに，大王の葬送儀礼を埴輪で再現したものでしょう。

　前方後円墳とよばれる鍵穴型の古墳は，どちらが前でどちらが後でし

今城塚古墳の埴輪列復元

ょうか。字の通り，方形が前で，円形が後であると考えられるでしょう。しかし，ほんとうに古墳時代の人はこのように考えていたのでしょうか。

「前方後円墳」という呼び方は，高山彦九郎・林子平とともに寛政の３奇人の１人である蒲生君平が著した『山陵志』（1801年完成）にある呼称です。蒲生君平は，幕末尊王論の先駆をなす人で，『日本書紀』やその後の律令政府が編纂した正史（６つあるので六国史という）に記述されている多くの天皇陵などの所在地を，実地に歩いてどれがどの天皇の天皇陵かを確定しようとしました。「前方後円墳」という用語は，江戸時代後期の尊王論者による造語だったのです。そのため古墳時代の人びとが，どちらが前でどちらが後と考えていたかはわかりません。また，前方後円墳は，ヤマト政権の権力者やヤマト政権と密接に結びついていた地方豪族などが，造営を許された古墳のなかでも最高位の形状です。基本的には，埋葬施設は後円部に多くあります。前方部は埋葬の時の儀礼など副次的な役割をはたしていたと考えられていますが，具体的なことはよくわかっていません。

蒲生君平の『山陵志』は，学問以前の段階の記述が多く，鵜呑みにすることはできません。例えば，『山陵志』を参考に明治政府が認め，継体天皇陵（６世紀初頭）として宮内庁が管理するのは太田茶臼山古墳（大阪府茨木市）ですが，真の継体天皇陵は大阪府高槻市にある今城塚古墳が定説となりつつあります。今城塚古墳の埴輪群の研究から，築造が６世紀前半と考えられたからです。

今城塚古墳の全景

7 終末期古墳と天皇家の八角墳をどうとらえるか

　日本の古墳といえば，何といっても前方後円墳でしょう。3世紀半ばすぎ以来，約350年間もつくられ続けた前方後円墳は，6世紀末から7世紀初頭で造営が停止されます。しかし，古墳そのものは8世紀の早い段階の平城京遷都頃まで造営され続けます。前方後円墳の造営が停止されて以降，古墳の造営が続く時代を，考古学では古墳時代終末期ととらえ，この時期の古墳を終末期古墳とよびます。ほぼ，7世紀の約100年間で，政治史では飛鳥時代にあたります。

　畿内地域の最も新しい段階の前方後円墳は，6世紀の第4四半期のものです。その後，7世紀初頭になると，一辺や直径が，約50〜60m級の大型の方墳や円墳が営なまれます。方墳や円墳の被葬者を考えると，蘇我氏やこれに近い立場の皇族や豪族が方墳を，非蘇我・反蘇我の立場の皇族や豪族が円墳を営んだようです。関東地方でも，7世紀第1四半期になると，千葉県栄町にある竜角寺岩屋古墳（一辺80mの日本最大の方墳）などの大型の方墳や円墳が出現します。この時期は，前方後円墳の造営に対して，畿内政権から強力な規制が出されたのでしょう。それは，推古朝の早い段階と推定されます。

　前方後円墳の造営は，大王とよばれる畿内の大首長を中心に，列島各地の首長によって形成された「ヤマト政権」という首長連合を象徴するものでした。

　6世紀末，中国を統一した隋は，598年に高句麗へ侵攻します。中国に強力な統一国家が出現し，それが高句麗へ侵攻したことは朝鮮半島諸国や倭国には大きな脅威でした。推古朝は，首長連合的な古い政治体制と決別して，新しい強力な中央集権国家をめざします。前方後円墳の造営停止は，それを列島各地に示したものでした。

関東地方における前方後円墳の終末は，次の時代の方墳の分布が各地の国造（くにのみやつこ）と対応するため，国造制（こくぞうせい）という新しい地方支配制度の成立に関係するものでしょう。

　7世紀半ば近くになると，大王の墓は八角墳（はっかくふん）になります。舒明（中大兄皇子の父）（おおえ）天皇陵（じょめい・なかの）とされる桜井市段ノ塚古墳は対辺長約42mで，2段築成（ちくせい）の八角墳の前に3段の方形壇を営みます（図1）。最初の斉明（ほうけいだん）（さいめい）陵（りょう）とされる岩屋山古墳（いわややま）や新しい斉明陵の牽牛子塚古墳（けんごしづか），天智陵（てんじ）の京都市御廟野古墳（ごびょうの），天武・持統合葬陵（てんむ・じとう）の野口王ノ墓古墳（のぐちおうのはか），文武陵（もんむ）とされる中尾山古墳（なかおやま）は，すべて八角墳です。大王のみが八角墳を営み，一般豪族から超越した存在を示します。八角墳は，天皇の高御座（たかみくら）が八角であるのと同じように，天下八方（てんかはっぽう）の支配者の墳丘です。

　天武・持統合葬陵は，墳丘を凝灰岩（ぎょうかいがん）の切石（きりいし）で化粧した対辺長約37m，高さ約7.7mの八角5段の釈迦の骨を埋葬したインドのストゥーパ（塔婆）（とう・ば）の外観を呈しています（図2）。天武・持統合葬陵は同じ八角墳でも，段築（だんちく）や葺石（ふきいし）など，それ以前の八角墳とは異なり，仏教的要素も認められる，まったく新しい「天皇陵」を創造したと考えられるのです。

図1　桜井市段ノ塚古墳（現舒明陵）

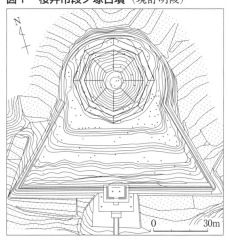

図2　明日香村野口王ノ墓古墳
（現天武・持統合葬陵）**墳丘復元図**

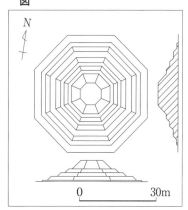

0　　　　　　30m

0　　　　　　30m

8 中臣鎌足のねむる阿武山古墳から何がわかるのか

中臣鎌足は，645（大化元）年に起きた蘇我入鹿を打倒した乙巳の変から始まる大化改新を，中大兄皇子とともに推進した中心人物としてよく知られています。

大化改新は，専制的権力を奮い始めた蘇我入鹿を打倒することが目的のように，『日本書紀』などに書かれています。しかし，より根本的な日本の国内改革を迫る国際情勢から考えてみるべきでしょう。唐の2代太宗は643年に高句麗遠征を決意し，大化改新の645年には高句麗に侵入していたのです。

入鹿の打倒には細心の計画が必要でした。中大兄皇子と鎌足は，蘇我氏の分家である蘇我石川麻呂の女を皇子の妃に入れて石川麻呂を味方にし，宮門警固を担当する佐伯子麻呂らの武人を仲間に引き入れ，645年6月12日，新羅からの貢物を受け取る儀式の場で入鹿の不意をつき，倒しました。この時，中臣鎌足は弓をもち，中大兄皇子を守衛しています。翌13日，入鹿の父蝦夷は自邸で滅び，14日に新政府が成立します。

中臣鎌足のついた内臣とは具体的にはわかりませんが，中大兄皇子を補佐し，改新を推進する地位と考えられます。

昭和の初め頃，大阪府の高槻・茨木両市の境にある阿武山古墳から，布を漆で固めた朱色の豪華な棺のなかに銀糸で玉を結んでつくられた玉枕にねむる人物が発見されました。

大化新政府のメンバー

孝徳天皇

（皇太子）中大兄皇子

政策執行		政策立案	
左大臣	右大臣	内臣	国博士
阿倍内麻呂	蘇我倉山田石川麻呂	中臣鎌足	旻 高向玄理

その人物は，ミイラ化した頭に金の糸が巻きついていました。人骨全身のＸ線写真も，東海大学医学部に残っています。その人骨の肘は変形して，テニス肘のようでした。また，胸椎が骨折しており，肋骨も折れていましたが，それは癒着し治りかけていたのです。

　結論からいうと，阿武山古墳の人物は中臣鎌足であることが確実視されています。頭に巻きついた金糸をコンピューターで復元すると，図のように金糸が刺繍された冠でした。『日本書紀』には，天智天皇が鎌足の死の直前に当時の最高冠である「大織冠」を授けたとあり，日本人の「大織冠」は鎌足だけです。中臣鎌足は威丈夫で弓の達人でした。テニス肘のような肘の変形は強弓を練習し過ぎたのでしょう。中臣鎌足は669年10月6日に亡くなっていますが，その5カ月前の5月5日，天智天皇とともに山科野（京都府）に狩りに行ったと『日本書紀』に書かれています。恐らく，この時に落馬したと推測されています。肋骨が治りかけていたのは，死ぬまで5カ月経っていたからです。

　阿武山古墳からは墓誌などは出ていませんが，すべての状況証拠が人骨は中臣鎌足であることを物語っているのです。

複製された冠

阿武山古墳周辺地図

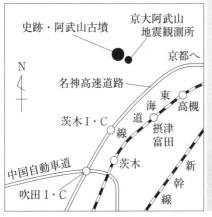

史跡・阿武山古墳
京大阿武山地震観測所
京都へ
N
名神高速道路
東海道線
高槻
茨木Ｉ・Ｃ
摂津富田
茨木
中国自動車道
新幹線
吹田Ｉ・Ｃ

⑨ 左大臣と右大臣はどちらが上か

　現代の私たちの生活のなかには，「左」と「右」という言葉を使ってさまざまな状況を例える場合があります。例えば，「会社は左前だ」というと経営的に苦しい状況を示します。反対に，「会社の業績は右肩上り」というと，会社が順調に発展している状況を示しています。現在では，「右」はプラスのイメージ，左は「マイナスイメージ」として考えられています。

　ところが，古代の律令制の官職では，左・右大臣のうち，右大臣より左大臣が上位の官職です。つまり，「右」より「左」の方がえらいのです。律令国家の政権運営にあたり，その最高決定機関の太政官制では，天皇の下に太政大臣と左大臣・右大臣がおかれています。ただし，太政大臣は基本的に職掌のない「則闕の官」（適任者がいなければおかなくていい官職）なので，実質的には左大臣が太政官制の最高責任者でした。また，平安時代になると，左大臣は「一の上にて，堀河左のおとど（大臣のこと）」（『今鏡』たまづさの巻）と表現されたように，官職のなかで「一の上」と称される最高官職でした。「一の上」というのは，『職原抄』（北畠親房著，1340年成立）という官職の沿革や補任の次第について書いた書物によると「宮中の事，一向に左大臣統領す。故に一上と云う」とあり，第一の上卿（上卿は会議や儀式を取り仕切る進行役）なのです。

　では，なぜ左が右に対して上位に意識されるようになったのでしょうか。左も右も漢字ですが，漢字の権威である白川静さんの『新訂統』（平凡社）によると，左も右も中国の呪術に関する言葉で，「左手に工をもつ形が左」で，「工は巫祝（神に仕える者）のもつ呪具」とされます。古代中国では，祈禱者は左手に呪具をもち，右手に祝禱（祈禱の

言葉）を収める器をもって神に祈ったのです。ところが中国では，次第に右尊左卑の観念が生まれて，王権に対して 邪（よこしま）な呪術を「左道（さどう）」と称するようになりました。しかし，金文（きんぶん）（青銅器などの容器や武器・貨幣などに，刻みつけたり，鋳出（いだ）したりした銘文（めいぶん））には「毛父（老人）を左（さ）比せよ」「毛父を右比（うひ）せよ」とあり，左右ともに助ける意味をもち，左・右に上下はなかったと考えられます。

　日本では，かなり古くから左を尊んだ傾向がみられます。「国生（くにう）み神話」では，天の御柱（あめ みはしら）の廻り方について，男性神イザナギが女性神イザナミに「汝（なんじ）は右より廻り逢え（あ）。我（われ）は左より廻り逢わん」（『古事記（こじき）』）とよびかけました。男尊女卑ですが，右より左を重視しています。また，アマテラス神話に左縄（ひだりなわ）というものがあり，天岩戸（あまのいわと）に隠れたアマテラスが岩戸を開けて外の様子をのぞいた時，手力雄神（たちからおのかみ）がアマテラスを一気に岩戸（いわと）から引き出します。その時，中臣神（なかとみのかみ）と忌部神（いんべのかみ）が左縄（左撚（よ）りにした縄）を引きわたしたといいます。普通の縄は右撚りですが，注連縄（しめなわ）などの神事・祭事用の縄は左撚りなのです。古代の日本においては左が上位と意識されたのですが，なぜ左が上位かはよくわかっていません。

注連縄（出雲大社）

平安王朝の始まりはいつか

　奈良時代は794（延暦13）年の平安京遷都で終わるが，実際上は770（神護景雲４）年８月の称徳天皇（女性天皇，孝謙天皇の重祚＝再度の即位）の死で終わっていたといっても過言ではありません。その後の24年間は，平安時代への準備期間です。

　それより約100年前の672年，天皇家を２分する大内乱の壬申の乱がありました。天智天皇の子である大友皇子と天智天皇の弟大海人皇子との戦いです。大海人皇子は内乱に勝利し，飛鳥浄御原宮で即位して天武天皇となりました。東大寺の大仏を造立した聖武天皇は，天武天皇の直系の曽孫であり，称徳天皇はその娘です。いわば，奈良時代は天武天皇系の王朝でしたが，称徳天皇の死でその皇統は絶えたのです。

　称徳天皇の死後，即位したのが光仁天皇でした。光仁天皇の父施基（志貴）皇子は，天智天皇の子でありながら，壬申の乱では大海人皇子側につき，その勝利に貢献しました。施基皇子の子白壁王は，従三位に進んで上級貴族となり，官職は中納言から大納言になって律令国家の政治の中枢にいてから即位し，光仁天皇となりました。その子が平安王朝を築いた桓武天皇です。平安時代は天智系の皇統が復活し，または新王朝の時代であるといってもよいのです。

　即位以前の桓武天皇は，山部王といわれていました。山部王は，律令国家の官人養成機関の長官である大学頭や天皇の詔勅にかかわる中務省の長官である中務卿などを長く務める官人生活を経験していました。光仁天皇とその子桓武天皇は，律令国家の政治や実務を知り尽くしていたのです。44歳で即位した桓武天皇は，その経験から強力に律令国家の再編に取り組みました。その政治方針が，「軍事と造作」です。「軍事」とは中央政府に反抗をくり返していた東北地方の蝦夷征討で，

「造作」とは新しい都の造営です。この２つを平行して行うことで，政治を引き締めて改革を推進していこうとしたのです。困難をきわめた蝦夷征討は，802（延暦21）年，東北平定をまかされた坂上田村麻呂が阿弖流為を降伏させたことで一応終わりましたが，新都の造営もむずかしい事業でした。

　784（延暦３）年，平城京から山背国の長岡への遷都を断行しましたが，大和から離れたくない古墳時代以来の伝統的貴族層によって，長岡京建設を指揮する造営長官藤原種継が暗殺される事件が発生しました。桓武天皇の政治に対する不満も溜まっていたのです。また，長岡の南東部は淀川の氾濫で削られるなど，都の立地条件もよくなかったのです。10年間の建設工事は中止され，794年，平安京への遷都が決定しました。ちなみに新大阪駅へ向う東海道新幹線が京都駅を出て30秒ぐらいたつと右手の車窓に長く続く丘陵が見えます。ここには住宅地に削られたとはいえ，今でも「長岡」は昔の姿を見せています。

　平安京遷都を強力に推進したのが，和気清麻呂です。和気清麻呂は，九州の宇佐八幡の神託にことよせて道鏡を天皇にしようとした称徳天皇と道鏡の野望（宇佐八幡神託事件）を，「神託はなかった」と報告し，打砕いた人物です。その功から官位が昇り，平安京造営の造宮大夫となりました。和気清麻呂も奈良時代に終止符を打ち，新しい平安時代を切り拓いた１人といえるのではないでしょうか。

宇佐八幡神社

11 古代の「国」はどのように成立したのか

　7世紀後半，律令国家が形成されるにしたがって，地方行政区画も形成され始めました。律令国家における地方組織のうち，最上位に位置するのが「国」であり，この「国」という区画は律令制開始以来，各地でいくたびかの変遷を経て受け継がれていきました。

　「国」という地方行政単位が形成されるのは，645（大化元）年からの大化改新以降のことと考えられています。『日本書紀』には，それ以前からも「国司」の語が見えますが，『日本書紀』（724年成立）を編纂する時に，大宝令（701年公布）の知識によって手を加えた可能性が大きいのです。「国」の下の地方編成単位を，『日本書紀』では「郡」と表記していますが，大宝令施行以前は「評」という用字であったことが，藤原京から発見された木簡（地方から送った貢納物につけた木の荷札）からわかっています。『日本書紀』では，7世紀の地方編成単位の表記を大宝令の知識で書き変えているのです。

　「国」について，現在までに知られている最も古い事例は，乙丑年（665年＝天智天皇4年）の年紀をもつ「三野国ム下評」（のちの美濃国武義郡にあたる）という表記が見られる木簡です（次頁）。奈良県明日香村の石神遺跡から見つかっています。「国」という表記は，この段階まで確実にさかのぼることができます。

　『常陸国風土記』によれば，8世紀の常陸国につながる範囲の区画は，大化改新後に即位した孝徳天皇（皇太子は中大兄皇子）の治世の時期に，中央政府から派遣された役人によって編成されたと書かれています。大化改新の頃，それまで地方豪族である国造が個別に支配していた領域が1つのまとまった単位に編成され，その単位に中央から役人が派遣されて，地方行政を担当するようになりました。この単位が「国」で，

22　第Ⅰ部　原始・古代

中央から派遣された役人の組織は，大宝令以後の律令国家の国司へとつながっていきます。

　この「国」のなかには，当初は広大な範囲にまたがるものがありました。高志国（越国）は，のちの越前，加賀，能登，越中，越後の５カ国に，さらに出羽国の一部を併せた地域に相当します。現在の福井県敦賀市から山形県の庄内平野あたりまで，日本海沿岸が１つの国でした。天武天皇12年（683年）から翌年にかけて，役人や技術者のチームが全国へ派遣され，各地の国境が決められます。高志国は能登・加賀が越前地域から分立した後に，越前・越中・越後に分割されました。同様に分割されたのが吉備国（備前・備中・備後），筑紫国（筑前・筑後），肥国（肥前・肥後），豊国（豊前・豊後）です。

　国境が区切られる時，都から放射状に延びる交通路に沿って諸国を並べ，交通路ごとに諸国がまとめて編成される体制ができあがりました。東海道・東山道・北陸道・山陰道・山陽道・南海道の６つの交通路がそれであり，これに大宰府が管轄する九州を西海道として加え，畿内以外の地方諸国が七道に編成される五畿七道制が成立しました。

　明治政府による廃藩置県で，1200年以上続いた「国」という行政区画はなくなりましたが，今日でも，地名や名産品や郷土意識のなかで旧国名は使われています。

「三野国ム下評」木簡

表　　　裏

「乙丑年十二月三野国ム下評」美濃国武儀　665年

「大山五十戸造ム下マ知ツ（里）従人田マ児安」

12 律令国家の軍事体制が軍団制から 健児制へ変更されたのはなぜか

　軍団は，律令国家の地方軍事組織で，大宝律令の施行にともなって整備されたと考えられています。軍団は，8世紀初頭の段階では，一律に1000人の規模で各国に設置されたと推測されていますが，国によって軍団数が異なっているため，地理・軍事・内政などのさまざまな要因を考えておかれたのでしょう。軍団兵士制は，白村江の戦いの敗北（663年）や壬申の乱（672年）という国家存亡にかかわる軍事的経験から，律令国家の維持に不可欠な即応軍事力として地域に偏りなく全国的に整備されたと考えられています。

　兵士は21〜60歳の男子（これを正丁という）の3〜4人から1人が，徴発されて地域の軍団に入ります。民衆から徴発された兵士は，軍団入営後は，平時においても国内重要拠点の警備や罪人の追捕など，軍事力が必要とされる国内行政のさまざまな任務に従事しました。しかし，1000人の兵士がいつも軍団に詰めていた訳ではありません。704（慶雲元）年には，兵士は10番にわけられ，短い期間で年に数回上番する勤務体制となりました。平時には，100人の兵士が諸任務を遂行していたのです。

　軍団には，大毅・少毅・主帳・校尉・旅師・隊正という将校がいて，武器を管理し，兵士の訓練を行っていました。こうした軍団官人は，国司による勤務評定がなされ，軍団の財源は国郡一般行政に依存していたため，国司の強力な統制下にありました。しかし，反乱などが勃発し，中央政府によって将軍以下の将校団が任命されれば，軍団はその指揮下に入って征討などの軍事行動に従事したのです。

　軍団は征討，対外防衛，平時における治安維持など，律令国家の根幹をなす軍事力です。兵士は，労働による課役が免除されましたが，それ

でも民衆にとって大きな負担です。そのため，民衆が疲弊すると軍団の弱体化が進みます。これを補完するものとして創始されたのが健児制です。

　私たちは健児制というと，792年に桓武天皇が採用したものを思い浮べます。しかし，健児という語句は，『日本書紀』の642（皇極天皇元）年と663（天智天皇2）年の記事にも見えます。これは軍事制度ではなく，「武力に優れた強幹の男子」の意味です。642年の健児は奈良時代前半，新羅との緊張関係や蝦夷征討などへ軍団兵士の投入を踏まえ，手薄となる国内防備が目的であり，奈良時代後半の663年におかれた健児は藤原仲麻呂の軍事力強化の一環と見られています。

　これに対し，792（延暦11）年の健児は，軍団兵士制が停廃された諸国におかれました。つまり，健児制は軍団兵士制に代替されるものでした。征夷事業ではなく，軍団兵士の軍糧庫・武器庫・関・官船の守衛の任務を引き継ぎました。健児は地方豪族の郡司の子弟に限定しており，幼少から弓馬をならった高い戦闘能力をもつ兵力の確保をねらっています。しかし，その規模は，最も多い近江・常陸両国で200人（最少の和泉国は20人）であり，少数であり充分に軍団兵士の代替とはなりませんでした。早くも9世紀初頭，左右京職や長門国が軍団兵士の復活を申請しています。

御笠団印

遠賀団印

13 律令国家における浮浪・逃亡とは何か

　浮浪・逃亡は，律令国家の貧しい農民が租税の負担に耐え切れず，起したものと考えられてきました。山上憶良の貧窮問答歌（『万葉集』第5　892）には，食事もままならないなかで，租税を取りに訪れた里長（律令制では50戸の長）を前にして，途方にくれる農民の姿が描かれています。しかし，研究が進展するなかで，浮浪・逃亡も困窮した農民の止むに止まれぬ逃亡という見方だけではとらえ切れない現象であると，考えられるようになってきました。

　奈良から平安時代の国家は，農民たちを戸籍・計帳（合わせて「籍帳」）という帳簿に登録することで把握しようとしました。戸籍は6年に一度作成される基本台帳であり，これに基づいて口分田の班給などが行われました。計帳は調・庸などの課税に用いる帳簿で，毎年作成されました。浮浪・逃亡とは，こうした帳簿に登録されている本貫地（本籍）を離れて，他所に移ってしまう行為を指します。当時の明法家（法律官僚）は，本貫地を離れた場所で税を負担する者を浮浪，しない者を逃亡と区別して規定していますが，実際には両者の差異は明確ではなかったようです。

　もちろん，浮浪人のなかには生活が苦しくて本貫を逃げ出すという，古典的理解に沿う人びともいました。720（養老4）年の史料などには，私的な種籾の借り（私出挙という）を返済できずに逃亡した農民も出てきます。

　そもそも，奈良から平安時代の籍帳は，生活実態としての家族や個人をありのままに記録した帳簿ではなかったのです。戸籍に記録される「戸」は，租税の徴収，兵士の徴発，口分田の班給などといった統治に都合がよいように人数や人員構成をとる集団として人為的につくり出さ

れたものでした。籍帳は初めから現実とは異なっていたのです。現実の人びとは，開墾や商業的行為，婚姻など，必要に応じて移動します。民衆の流動性を籍帳では把握し切れません。

717（養老元）年の史料には，許可のない出家（私得度という）や王臣家（貴族層）の資人（使用人）になって課役を納めない浮浪人が問題となっています。僧侶はお経の知識が必要で，資人も文字ぐらい書けないとなれません。比較的裕福な階層の浮浪人がいたのです。浮浪人は，早い段階から中央の貴族と結びつきをもつ者もありました。743（天平15）年の墾田永年私財法以後，貴族や大寺社は広大な開墾地を開き，荘園化しました（初期荘園）。浮浪人は初期荘園の経営に取り込まれ，権力者の威光を借りて課役を免がれるようになりました。浮浪人のなかには小作的な労働力として駆使される者もいたでしょうが，経営の中核になる有力農民も含まれていました。

政府は初め，浮浪人を本貫地へ連れ戻す方針でしたが，だんだんと戸籍の枠組みで浮浪人を把握するのを放棄し，現地で「名簿」（後の浮浪人帳）に登録することにしたのです。9世紀に入ると，稲などの財産を多く蓄えて，それをもとに農業経営を進める「富豪浪人」という言葉が史料に現れます。浮浪人に含まれる階層は多様化し，富裕層は新たな農業生産の担い手としてその社会的役割を高めていったのです。

山背国愛宕郡出雲郷雲下里計帳（部分）

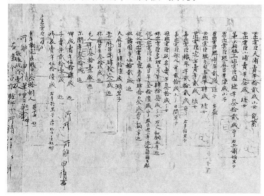

14 天台宗と真言宗の関係はどのようなものか

　私たちは仏教を含めた宗教が，個人の救済をめざすことを目的としていると考えています。しかし，奈良時代の仏教は「鎮護国家」をめざす国家仏教という性格でした。仏教は律令国家を守護し，その繁栄と安定をめざすものでした。僧尼はすべて国家の寺院に所属し，国家や天皇の繁栄を祈る法会などを行う，いわば「上級の公務員」であり，人びとに「罪福」を説く（不幸や幸せについて語る，宗教的な救いについて語る）ことは禁じられていました。

　日本で人びとの宗教的な救済を初めてめざしたのが，天台宗を創始した最澄と真言宗を創始した空海でした。最澄と空海は乗った船は別でしたが，ともに804（延暦23）年の遣唐使で唐に赴き，最澄は翌805（延暦24）年に，空海は806（大同元）年に帰国しました。

　最澄は，唐に渡る前，法華経の重要性に気づき，より深く法華経を理解しようと唐へ渡ったのです。法華経では，仏がこの世に出現したのは仏の知見に目覚めさせるためで，すべての人びとが成仏できる＝救われると説いています。最澄は，天台宗の開祖である智顗（538〜597）が10年間にわたって教義を体系化し，発展させた台州天台山（現在の浙江省）にのぼり，その寺院で研鑽を積み，多くの仏典を収集して日本へ帰国しました。最澄は人びとを幅広く救済（これを大乗という）できる僧侶を養成するため，自然と一体となりながら厳しい修業を行う場として比叡山を選び，延暦寺を開きました。

　一方空海は，当時，唐で最も流行していた仏教である密教の真髄をきわめるために，唐へ渡りました。この密教は広大なヒマラヤ山脈をのぞむチベットで生まれ，北上して中国へ入ってきました。チベットの風土を母体とした密教は，宇宙そのものである大日如来を中心にした壮大

な哲学体系をもつものです。人びとの煩悩や病気は，この大日如来と個人が乖離することから起こると考え，大日如来と一体化をめざします。そして，すべてを焼き尽くす護摩の火を焚き，宇宙の真理を表わす呪文＝真言を唱えるのです。空海は渡唐するとすぐ長安へ行き，密教界の巨匠であった青龍寺の恵果について密教の大法を伝授され，帰国しました。空海は，当時，唐で最新流行の密教を，中国とほぼ時差なく日本へ将来し，高野山金剛峯寺を開きました。

　最澄のもってきた天台宗は，隋の頃に智顗が教義を体系化したもので，日本でいえば厩戸王（聖徳太子）の時代のものでした。最澄は自分のもってきた仏教が密教も取り入れていたとはいえ，時代遅れになっていたことに空海の帰国でわかったのです。最澄は空海から密教の仏典を借り，空海から灌頂（法を授かる儀式）も受け，天台宗の密教化に取り組みましたが，最澄の弟子泰範が空海のもとに走り，その仲は険悪なものとなってしまったのです。

　天台宗を本格的に密教化したのは第3代天台座主となった円仁です。円仁は838（承和5）年，最澄の帰国から約30年後に唐へ渡り，北京の北方にある5つの高原に密教寺院が林立する五台山で本格的な密教を学びました。円仁は五台山にいたインド僧から，古代インドのサンスクリット語を習得しました。現在，卒塔婆にかかれる梵字は円仁がもってきたのです。また，円仁は絶対音感をもっていたらしく，中国寺院の儀式や法会の時に節をつける読経，声明もマスターして日本へ帰りました。比叡山延暦寺の天台密教の大枠は，円仁がつくったといってもよいでしょう。

　東京の半蔵門にある国立劇場では年に1〜2回，いろいろな寺院に伝わる声明の公演があります。50人以上の僧侶が行う声明は大迫力です。ぜひ行ってみて下さい。

空海

最澄

　『古今和歌集』を編集した紀貫之は，『土佐日記』を書いたことでも
よく知られています。『土佐日記』の冒頭は，「男もすなる日記といふも
のを，女もしてみむとするなり」の書き出しから始まります。私たちは，
平安時代の日記といえば，『紫式部日記』や『和泉式部日記』のよう
な女性の日記をすぐに思い浮べます。しかし，『土佐日記』では，もと
もと日記は男性がつけるものであり，紀貫之はそれを女性に仮託して，
土佐から京都へ帰る道々を書き残そうとしたのです。

　男性貴族がつける日記は，もともと「ニキ」と発音されていましたが，
それはどのようなものだったのでしょうか。中務省陰陽寮の暦博士は，
毎年11月1日までに翌年の暦をつくり，朝廷へ奏進していました。これ
が具注暦です。具注暦は，日の吉凶や日の出，日の入りの時刻，季節
に関する注記などを具に注し，日付の下に大きな余白がありました。
男性貴族は，その余白にその日の公的儀式の進行状況や自分が参加した
政務の会議などを漢文で書き留めたのです。国宝になっている藤原道
長の『御堂関白記』はその代表です。先例を重視する貴族たちにとって，
先祖が書き残した政務の決定手順や儀式の進行状況は，権力を握るため
には重要なことでした。男性貴族の日記は，いわば，公式記録だったの
です。もちろん，すべて正式な漢字，漢文体で書かれていました。朝廷
から出される命令や，地方役人の中央への報告書もすべて漢文です。日
本の支配層は中央の朝廷貴族から地方の役人層に至るまで，ほぼ完璧に
漢字，漢文をマスターしていたのです。国風文化は，唐の文化を完全に
吸収・消化した上に成立したものといえるでしょう。

　ちなみに，一条天皇の中宮（皇后と同じ）定子に仕えた女房であ
る清少納言が，雪の朝，定子から「香炉峰の雪は？」とたずねられ，

すぐ室の簾を上げて見せたという記事は，女房の間でも漢詩の知識が浸透していたことがわかります。白楽天の「香炉峰の雪は簾をかかげてみる」の詩句は誰でも知っていたのです。

　一方，男性貴族の日記が完全な漢文で書かれていたのに対し，女性の日記は仮名で書かれています。紀貫之の編集した『古今和歌集』の序文は，「真名序」と「仮名序」があります。真名とは正式の漢字・漢文のことで，それに対して仮名は仮りの文字なのです。しかし，漢文体が固苦しい表現しかできないのに対して，表音文字の仮名は日本語の表記・表現をありのままに，素直に，書き記すことができる文字です。心の内の細やかな思いも，そのまま表現できます。この時代の女性の私的な思いを書くのに，最も合っているのが仮名であったといってよいでしょう。

　公式な場で使われる漢字，私的な心情を書きしるす仮名，平安時代の人は使い分けていたのです。しかし，『古今和歌集』は，醍醐天皇の命令で編纂された勅撰和歌集です。和歌は漢詩にかわって公式なものになってきています。また，紫式部の『源氏物語』は，仮名こそが日本の文学であることを示した記念すべき作品です。

『古今和歌集』仮名序

やまとうたは、ひとのこゝろをたねとして、よろづのことの葉とぞなれりける。世中にある人、ことわざしげきものなれば、心におもふことを、見るもの、きくものにつけて、いひいだせるなり。花になくうぐひす、みづにすむかはづのこゑをきけば、いきとしいけるもの、いづれかうたをよまざりける。ちからをもいれずして、あめつちをうごかし、めに見えぬ鬼神をも、あはれとおもはせ、おとこ女のなかをもやはらげ、たけきもの、ふのこゝろをも、なぐさむるは歌なり。

最初の勅撰和歌集で，『万葉集』以降の秀歌1100首を集めて，905（延喜5）年に成立した。紀貫之が執筆した仮名序は，歌論としても優れるだけでなく，「女手」とよばれた。

16 「名」と「名田」の違いは何か

　「名」と「名田」の違いは何かというと，文字面から見ても明らかなように，「名田」は「田」であるけれども，「名」は「田」とは限らないということです。

　長い間，「名」は律令制が崩壊するなかで，公田制を否定した私有地として成立したと考えられてきましたが，竹内理三氏は，班田収授で班給された口分田の受給者や新たに開墾された墾田の所有者の登録に由来するものと考えました。律令制のなかに，「名」の源流を求めたのです。しかし，「名」と「名田」がどのように異なるのかということは述べられていません。

　研究が進むにつれて，「名」とはあくまでも徴税単位であって，所有の単位や経営の単位として考えるのは誤りであることが明らかになりました。その際，「名」は平安中・後期の有力農民である田堵による請作（農民が，土地を支配する領主から耕作を請け負うこと）と納税の単位であって，所有権とは関係ないと考えられるようになりました。

　また，「名」は「田」だけで編成されているわけではありません。1145（久安元）年12月の豊後国八幡由原宮師院清解（『平安遺文』2568号）という文書には，「名畠」という言葉が見え，地子（田畠・屋敷・山林に領主が課した地代）として麦が徴収されています。また，荘園においては，畠の比重が決して少ないものではありません。例えば，東寺領弓削島荘における1188（文治４）年から５年にかけての検注（荘園や公領における土地調査）の結果は，田は３町３反180歩であるのに対して，畠は26町３反180歩もあるのです。東寺領弓削島荘は，畠が大部分の荘園でした。しかも，この荘園では，畠に課せられていた年貢の麦が現地で塩と交換され，実際には塩が領主である東寺に納入されて

いたのです。こうした田・畠は，合計23の「名」に編成されていたので
す。

　私たちは，農業というとすぐ「水田」を中心に考える「水田中心史
観」になってしまいがちです。「水田中心史観」は，近世の石高制の影
響が強い考え方です。石高制は，すべての土地の生産力を米の生産高に
換算しているからです。古代末期から中世にかけての「名」は，何より
もまず「徴税単位」なのです。「名田」という用語で徴税単位としての
「名」を代表させると，その本質を見誤ってしまうのです。その「名」
にかかってくる租税や力役（労働で納めるもの）の負担の最終責任者は，
田堵であり，負名と呼ばれていました。大きな「名」の責任者が大名
田堵，小さい「名」の責任者を小名田堵といいます。「名」の多くに
「田」が組み込まれていたことは事実ですが，「田」は「名」の構成要素
の１つに過ぎないのです。

池田荘復元図

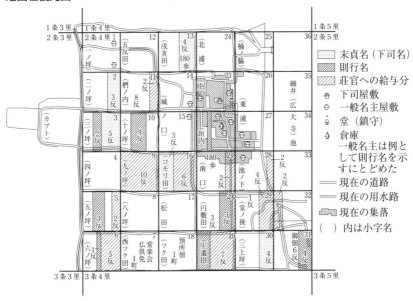

17 「承平・天慶の乱」から「天慶の乱」へ表記が変化したのはなぜか

　10世紀前半に起きた 平 将門・藤原 純友の乱は，時の年号をとって「承平・天慶 の乱」とよばれていました。しかし，将門・純友の乱の研究が進んだ結果，近年は「天慶の乱」とされることが多くなりました。こうした結果，教科書の記述も変わり，例えば，山川出版社の平成30年度用教科書『詳説日本史　改訂版』（日Ｂ309）では，これまで「東西の反乱（あわせて承平・天慶の乱と呼ばれる）」であったのが，「東西の反乱（天慶の乱と呼ばれる）」に改訂されているのです。

　結論からいえば，将門・純友の乱が「承平・天慶の乱」ではなく，「天慶の乱」と表記されるようになったのは，将門と純友が反乱を起した年代が承平年間（931〜938）ではなく，天慶年間（938〜947）であることがわかってきたからです。

　年表にもまとめたように，将門の乱については，承平年間は一族間の内部抗争であったもので，939（天慶2）年の常陸国庁 襲撃以降，国家への反乱になったことは以前から知られていました。見方が大きく変わったのは純友の乱の方です。反乱を起した天慶2年12月21日条の『本朝世紀』には，この日，伊予国から純友反乱の知らせが届いたが，「前伊予 掾（次官の下に位する国司）藤原純友は，936（承平6）年には海賊追捕の宣旨（天皇の命令）を受けた者である」と記されています。さらに重明親王の『吏部王記』という日記の承平6年3月条には，その宣旨を受けた藤原純友が「自分の部下を集めて伊予へ向った」と書かれています。藤原純友は承平6年には，海賊を追捕する側にいたのです。その後，何らかの事情で反乱を起こすに至ったのでしょう。

　このように，承平年間の純友は海賊を討伐する側におり，将門は一族の内紛にあけくれ，両者は国家への反乱には至っていません。将門と純

友が反乱に立ち上がったのは，天慶年間になってからのことです。故に，乱の呼称も「承平・天慶の乱」ではなく「天慶の乱」となったのです。

　実は江戸時代から明治20年代頃までは，将門・純友の乱は「天慶の乱」とよばれていました。平安時代の藤原実資（さねすけ）の『小右記（しょうゆうき）』や歴史書の『日本紀略（きりゃく）』には，「天慶賊乱」「天慶之大乱」という表現が見られ，江戸時代になるとこれが一般化し，新井白石（あらいはくせき）の『読史余論（とくしよろん）』や頼山陽（らいさんよう）の『日本外史（がいし）』は将門・純友の乱を天慶の乱と称しています。江戸時代に天慶の乱の呼称が使用されたのは，水戸藩が編纂した『大日本史』の考証によるところが大きいのです。『大日本史』は，『日本紀略』には純友は承平6年に海賊であったと書いてあるものの，『本朝世紀』によると純友は承平6年に海賊・追捕の宣旨を受けているので，純友は反乱を鎮圧する側だったと考えたのです。

　純友が反乱したのは天慶2年だとすでに『大日本史』は考証していたのです。しかし，その後，明治・大正期の本や教科書で「承平・天慶の乱」が定着したのです。乱の呼称は一見些細（ささい）なことに見えるかもしれません。しかし，戦乱や政変の呼称はその内容や過程をどのように理解するかという重要な問題とかかわるのです。

平将門と藤原純友の反乱関係年表

西暦	年号	将門の動向	純友の動向
931	承平1	父良持（良将）の遺領をめぐり，伯父国香と争う	
935	承平5	国香を殺害	
936	承平6		純友が海賊追捕の宣旨を受ける →純友が京から伊予へ向う
939	天慶2	常陸国司の追捕から藤原玄明を保護 →常陸国府を占拠，下野・上野の国府を制圧 →巫女の託宣から「新皇」となる	伊予守紀淑人の制止をきかず，反乱 →備前介子高（さねたか）の一行を摂津で襲撃
940	天慶3	下総・猿島（さしま）で追討軍の藤原秀郷・平貞盛に敗れ，討死	周防国の鋳銭司を襲撃
941	天慶4		大宰府を急襲し，政庁を焼き払う →追討軍の小野好古らに敗れる →伊予の逃亡先で捕縛，斬殺

18 「延喜・天暦の治」の「聖代」観はどのようなものか

　「延喜・天暦の治」が「聖代」と考えられるようになったのは，いつ頃からでしょうか。

　「延喜・天暦の治」とは，平安時代半ばの醍醐天皇（在位897〜930年）と村上天皇（在位946〜967年）の治世で，その年号をとって「延喜・天暦の治」と称され，「聖代」として，10世紀後半の摂関政治期から太平洋戦争中に至るまで，長い時代にわたって讃美され続けました。なかでも後醍醐天皇が，天皇親政の理想的な時代とされた醍醐・村上天皇の治世を模範として，建武新政を行ったことは広く知られています。

　それでは延喜・天暦の治の実像は，どのようなものだったのでしょうか。醍醐・村上朝では，摂政・関白がおかれず，天皇親政の形がとられ，格式（『延喜格』『延喜式』）や国史（『日本三代実録』）の編纂，通貨（延喜通宝・乾元大宝）の鋳造など，律令制的な国家事業を推進し，班田収授制や租・庸・調制の励行を命じるなど，律令制の再建がはかられたとされています。

　しかし，その国家事業・施策がいずれも律令国家の政策としては最後となったように，再建に成功したわけではありません。それどころか，延喜・天暦期には，課丁の減少や調庸の未進・粗悪化などにより，国家財政が窮乏し，荘園が増加するなか，班田制が放棄され，天慶の乱に象徴されるように地方支配も混乱し，律令制的支配の限界が露呈されます。飢饉・疫病・凶悪な犯罪の頻発など，社会不安も増大した時代です。古くからその失政を指摘するものも多かったのです。

　それでは，「聖代」観はどのように始まったのでしょうか。延喜・天暦2朝を「聖代」とする例は，村上天皇の子，円融天皇の時代からです。その用例の多くは，学者・文人層の位階昇進・官職補任を要求・申請す

る申文に見られます。10世紀後半は，摂関政治体制の確立期であり，学者・文人層が政権の中枢から次第に閉め出されていった時代でした。学者・文人層にとって自分の生きる当代は不遇の時代であり，紀長谷雄・三善清行ら学者・文人出身の公卿を輩出した延喜・天暦期を理想的な時代として憧憬することになったと考えられているのです。

　その意味で，初期の延喜・天暦「聖代」観には，現実の政治状況に対して何らかの不満をもつ者が過去を美化する傾向が見られます。藤原道長の人事などの専制に反発していた藤原実資は，延喜・天暦「聖代」観をもっていましたが，権勢を振るった道長やその側近には「聖代」観は見られません。

　その後，延喜・天暦「聖代」観は，院政期になると貴族全体へ広まります。11世紀以降，貴族の意識では自分たちの時代が末法思想や貴族政治の衰退から末代と観念され，自らの時代を否定的にとらえる見方が広がったからです。

　鎌倉時代になると，その「聖代」観は公家の日記などにとどまらず，説話集・軍記物語・琵琶法師の語りなどにも見られるようになり，多種多様な媒体を通じて貴族ばかりでなく，僧侶・武士をはじめとして，広く社会の各層に浸透していったのです。そこには，理想的な社会のなかでくらしたいという人びとの願いが込められていたのかも知れません。

延喜通宝　　　　**乾元大宝**

延喜通宝は鉛1・銅2の割合とされたが，鉛銭もある。乾元大宝は鉛の含有率が75％であり，ほぼ鉛銭といってよい。律令国家の衰微は鋳銭にもあらわれている。

19 都の御霊会とはどのようなものか

　平安京遷都からしばらくして，平安京にさまざまな疫病や飢饉などの自然災害が襲います。ウィルスや細菌などを知らない古代の人びとは，疫病の流行や突然に人びとへ襲いかかる災害を怨霊の祟と考えて恐れました。怨霊とは怨をのんで死んだ者の霊ですが，とくに早良親王や菅原道真らの皇族や貴人などの政治的に失脚した者の名をあげることができます。疫病が流行し，災害が頻発すると，怨霊を祀り，祟をまぬがれようとする御霊会が始まります。

　御霊会の始まりを記した史料上の初見は，863（貞観5）年5月20日の『日本三代実録』の記事です。この日，政府の手により神泉苑で早良親王（崇道天皇）をはじめ，6人の怨霊を鎮める法会が行われ，その後，楽を奏し，弓を射，これを民衆にも見せたとされています。

　早良親王は桓武天皇の皇太弟でしたが，藤原種継暗殺事件にかかわったとして廃太子となり，淡路に流される途中で食を断ち，憤死しました。桓武天皇はその怨霊を恐れ，崇道天皇の尊号を送りました。

　現在の神泉苑は，二条城の前にある小さな池になってしまいましたが，当時は北山に降った雨の伏流水が地表に出る広大な池で，政府の雨乞いなどが行われる神聖な場所でした。

　怨霊の祟とされた疫病の実態は次のようなものです。平安京の西側（右京）は，もともと低湿地で，人びとはあまり住んでいませんでした。平安京は，北東の方向に，なだらかに高くなっている地形です。慶滋保胤の『池亭記』（982年成立）には，人が住まなくなった右京の荒廃と，反対に左京の人口密集が活写されています。左京は図1にあるように，人家が密集する中世都市へと変貌していきました。しかし，これらの家々にはトイレを備えている家は稀で，人びとはほとんど糞尿は道端

で排出していたのです。その時，地面にお尻がつかないようにはくのが下駄でした（図２）。梅雨に多量の雨が降ると，これらの糞尿が密集した人家の裏手にある井戸へ流れ込むことが多くなります。こうして，高温多湿の梅雨から真夏にかけて，さまざまな伝染病が拡大します。怨霊の仕業と考えられた伝染病の流行拡大は，古代的な都城から密集する市街地化した京都の変貌がその原因だったのです。

　その後も疫病が頻発するなかで，最も盛大になったのが，970（天禄元）年に始められた祇園社の御霊会です。旧暦の６月７日と14日に行われる神輿送りと神輿迎えに風流田楽が続き，都市民のにぎやかな祭礼へと変化しました。現在，祇園祭は７月17日〜24日まで行われ，17日の山鉾巡幸が山場ですが，神輿送りと神輿迎えころが祇園祭の中核です。いわば，梅雨が明け，真夏がくる時期なのです。

　祇園社（明治時代から八坂神社）は，京都の繁華街四条河原町から鴨川を渡った東山のふもとに鎮座しています。古代・中世以来，京都の都市民を守る氏神だったのです。

図１　市街地の様子（『年中行事絵巻』）

図２　下駄を履いて排泄する様子
（『餓鬼草子』）

第Ⅱ部 中世

賢問愚問

鎌倉幕府の成立はいつか

　鎌倉幕府の成立はいつかと聞かれると，「いいくにつくろう」＝1192年とほとんどの人は答えると思います。しかし，それは 源 頼朝が伊豆の 蛭 小島で北 条 氏一族とともに反乱を起こした1180（治 承 4）年から12年後のことです。また，1185（文治元）年には壇の浦で平家は滅亡しています。源頼朝は，いつ鎌倉幕府をつくりあげようとしたのでしょうか。

鎌倉幕府の成立年表

①1180（治承4）年末………頼朝が鎌倉に大倉邸を構え，侍所を設け，南関東・東海道東部の実質的支配に成功したとき。
②1183（寿永2）年10月……頼朝の東国支配権が朝廷から事実上の承認を受けたとき。
③1184（元暦元）年10月……公文所（政所）・問注所を設けたとき。
④1185（文治元）年11月……守護・地頭の任命権などを獲得したとき。
⑤1190（建久元）年11月……頼朝が右近衛大将に任命されたとき。
⑥1192（建久3）年7月……頼朝が征夷大将軍に任命されたとき。

　1180年8月，妻となる政子の一族北条氏とともに兵をあげた頼朝は，東国の平氏方に石橋山の戦い（石橋山は熱海の山中）で敗北したものの，房総半島へ渡り，東京湾を1周するうちに大兵力となり鎌倉に入りました。東国武士は源氏の棟 梁 に期待したのです。鎌倉に入った頼朝は，三浦半島の大武士団和田義盛を新設した 侍 所 （武士を統轄）の長官に任命します。この時点で，京都の朝廷には公認されていない反乱軍の政権が樹立されたのです。

　一方，木曽で反乱を起こした源義仲は，1183（寿永2）年に入京したのですが，統率がとれていない義仲軍は，京都で略奪をほしいままにします。京都の後白河上皇は，頼朝に義仲追討を頼みました。頼朝は弟の

範頼・義経を派遣する見返りに，後白河上皇から東海道・東山道（道は行政区画）の行政権を認められます。いわば，鎌倉幕府は東国の地方政権として公認されたのです。それにともない，行政・財政を担う公文所，裁判を行う問注所が設置され，1184（元暦元）年には鎌倉幕府の機構が整います。

　1185年3月，壇の浦で平氏が滅亡しました。源義経と対立した頼朝は，後白河上皇に義経追討の院宣（院の命令）を出させると，行方不明の義経をさがすという名目で，国ごとに守護を，荘園には地頭の設置を認めさせました。鎌倉幕府が全国的に拡大できる基盤ができました。

　頼朝は，平泉に逃げ込んだ義経追討を名目に，1189（文治5）年，平泉の藤原政権4代目の藤原泰衡を滅します。平氏や奥州藤原氏が滅び，この時点で武家の棟梁は源頼朝ただ1人となりました。翌1190（建久元）年，頼朝は初めて入京し，後白河上皇から二位の位をもらって上級貴族となり，公家が任官する武官の最高官職である右近衛大将になりました。幕府は京都の朝廷から正式に公認されたのです。しかし，頼朝の望む征夷大将軍にはなれませんでした。

　1192（建久3）年3月，後白河上皇が死去すると，朝廷は頼朝の盟友で摂関家の藤原兼実（九条兼実）が主導することになり，頼朝は朝廷から戦闘地域では天皇と同等の大権をふるえる最も望んでいた征夷大将軍に任命されます。幕府が名実ともに整いました。

　日本史の学界では，鎌倉幕府成立は1185年が最有力ですが，1183年や1190年も有力です。皆さんは何年の成立だと思いますか。残念ながら1192年はあまり支持されていません。

② 鎌倉幕府の経済基盤である関東知行国とは何か

　知行国とは，平安時代後期に有力貴族が富を得る手段として用いた国を支配する方式です。朝廷から貴族の子弟や家人を国の受領に任じてもらい，その国の実質的な権限（徴税権が最も重要）を行使する支配方式です。この方式を広く定着させたのが，院政を開始した白河上皇でした。上皇は院政を支える院の近臣に知行国を分かち与え，その国の国衙領（公領）からあがる租税を収入とさせるとともに，彼らに経済的奉仕を求めたのです。すなわち，院の近臣は，その国からあがる収益で上皇の御所や御願寺（天皇家の人びとの発願によって建てた寺）の造営を請け負ったのです。

　平氏は院の近臣となって，この制度を利用して成長しました。保元の乱（1156年）前には4カ国を知行して富裕を謳われましたが，平治の乱（1159年）後にはその3倍の12カ国を知行国として，平氏政権の経済的な基盤にしました。さらに，1179（治承3）年に平清盛がクーデタによって後白河上皇を退けると，平氏一門・平氏家人，平氏与党の知行国は合わせて32カ国に及びます。『平家物語』の「平家知行国，三十余箇国，既に半国にこえたり」とする記述は誇張ではなかったのです。

　鎌倉幕府はこの平氏知行国の延長上で，1184（元暦元）年6月に武蔵・駿河・三河の3カ国を知行国として得ました。翌年8月には三河がはずれ，武蔵・駿河の他に伊豆・相模・上総・信濃・越後・伊予の計8カ国に増やしました。さらに，源義経が頼朝に敵対して没落すると，伊予がはずれて下総に代わります。また，豊後を新たな知行国とします。東国ではない豊後は，義経と関係の深い国であったためにそれを警戒して知行国としたのです。やがて，義経が奥州藤原氏のもとにいることがわかると，豊後を辞退しました。文治年間（1185〜89）には，東国に8

カ国の知行国を保持し，その見返りとして内裏の修理や後白河上皇の六
条殿の造営を請け負っています。

　しかし，1189（文治5）年，奥州藤原氏を攻め滅ぼすと，陸奥・出羽
を東国として直接の管轄下に入れたことや，内裏の修理や六条殿の造営
も終了したこともあって，上総・信濃・越後・下総の4カ国が関東知行
国から離れます。以後，武蔵・駿河・伊豆・相模が幕府の関東知行国と
して定着しました。

　関東知行国の受領になるのは，源氏一族や頼朝の親族に限られていま
した。1200（正治2）年からは，北条氏が受領になっていますが，そ
れは将軍家の外戚として受領になったのです。源実朝が暗殺された後は，
受領は北条氏に占められるようになりました。

　関東知行国は，初期の鎌倉幕府の経済的な基盤として重要な意味をも
っていただけではありません。源義経を警戒して知行国とした豊後，
承久の乱で兵糧料所として知行国とした備前国など，軍事的な意
味も時にはありました。また，知行国を通じて，朝廷の重要な行事や建
物の造営にかかわった点にも注目されます。しかし，知行国は幕府が本
所の立場であって幕府独自の経済システムではないだけに，幕府の東国
支配が進行すると，その意義は薄れてついには知行国も半減したのです。

関東知行国

（五味文彦『日本の時代史8』吉川弘文館，2003年より）

③ 鎌倉時代の武士はどのような生活をしていたのか

　武士といえば，戦いに明け暮れていたと現代では思われています。鎌倉時代の武士は合戦があれば，鎌倉幕府の命令によって出陣し，戦いに臨みます。しかし，最も重要な仕事は，自分の所領（荘園）で農業を行うことです。武士は農業経営者でもあったのです。

　鎌倉時代末期に成立した鎌倉幕府の法律用語を解説し，訴訟手続に習熟しない者のための手引書である『沙汰未練書』には，幕府に臣従している武士である御家人は，先祖以来，本人まで「開発領主」でなければならないと書かれています。

　開発領主とは，未開墾の土地を自力で開発して，その所有者となった者のことをいいます。すなわち，武士である御家人は，自分の所領の農業経営を行い，独立した経済力をもたなければならないのです。その経済力が，鎌倉幕府へ奉公という形で提供する軍事力を支える基礎なのです。現代では，鎌倉時代の鎧兜を製作するには，1000万円以上の費用がかかるといわれています。馬も飼育しなければなりません。鎧兜に身を固め，馬にまたがって出陣するには，大変な経済力が必要なのです。

　図は，鎌倉時代の比較的小規模な武士の館（屋敷）をさまざまな資料から想像復元したものです。所領（荘園）を見晴す微高地に方1町（約100m四方）の堀に囲まれた館があります。今でも，関東地方などでは2万5千分の1や5万分の1の地図を見ると「堀の内」などの字を数多く見つけることができます。「堀の内」の地名は，だいたい中世武士の館があった所と考えてよいでしょう。館を守るための堀は，山からの水を引き入れたと考えられます。堀の内側には板塀をめぐらし，堀には橋を懸け，門の上には矢倉を設けて外敵に備えています。屋敷の中心の母屋（主殿）は，昔は「武家造」といっていましたが，今は，都の貴

武士の館の復元図

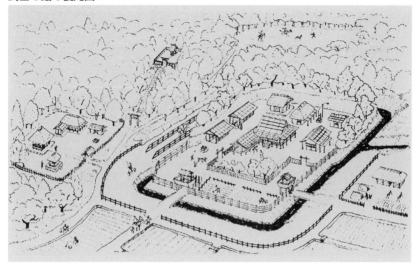

族の寝殿造をごく簡素化したものであると考えられています。主殿を中心に，厩舎や従者が待機したり寝ずの番をする遠侍，台所にあたる厨，倉などが配置されています。

　館の周囲に目を移してみましょう。左側に，先祖代々の菩提を弔う氏寺があります。また，館を見下ろす高台には，一族や荘園を鎮守する氏神の神社があります。丘の上には，いわゆる騎射を訓練するための馬場があります。武士は農業経営をしつつ，いつも「いざ鎌倉」にも備えました。

　館の周囲には，下人や一般農民の家があります。武士は一般農民から年貢や公事（荘園からの産物）を徴収し，京都・奈良にいる荘園領主の貴族や大寺社へそれを納入しました。館の周辺などに武士の直営地（佃・門田という）を所有していました。それは，年貢や公事がかからないばかりでなく，最も収穫が安定した耕地でした。直営地だけは雨が降らない旱魃の時などに館の堀の水を流し，その生産を維持できたのです。

4 鎌倉武士団の一族結合である惣領制とは何か

　「惣領」とは，もともと「土地を惣領する（統轄管理する）」という動詞からきたもので，「一族を惣領する」立場の者を指すようになりました。所領（荘園）を経営する御家人は，ふつうは30人くらいから，多くても50人くらいの血縁関係（親族）による小武士団を構成していました。本家の長を惣領といい，他の者を庶子といいますが，所領（荘園）は一族の惣領の館を中心に，庶子は荘園内に散在して農業経営を行っていました。

惣領制の模式図

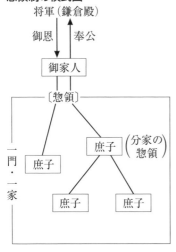

　血縁関係で結ばれた小武士団の一族を一門，一家といっていますが，惣領は一族の紐帯を守る代表的な地位でした。庶子も鎌倉幕府の家臣である御家人になれましたが，幕府の命令や伝達事項はすべて惣領に送られ，庶子には惣領から伝えられました。惣領は一族としての幕府への奉公の中核となっているのです。それ故に，惣領の職務は多岐にわたっています。

　合戦の時には，一族を率いて出陣し，一門を指揮統率しなければなりません。また，平時においては荘園経営の中心となり，安定した農業経営に心をくばり，荘園からの収穫を年貢や公事として京都や奈良にいる貴族・大寺社の荘園領主へ納入する責務があります。

　その年貢や公事を，一族の庶子へ割り当てるのも惣領の職務です。また，氏寺における先祖の供養や一族の氏神への祭祀を執り行うのも，惣

領の仕事です。そのため，惣領には相当の器量（能力）が求められました。惣領は，一族内で父祖あるいは庶子の合議で決定されました。必ずしも，長男というわけではありません。

　一方，所領（荘園）はどのように相続されたのでしょうか。所領の相続は，原則として分割相続が行われていました。惣領にどれだけ大きな責務があろうとも，惣領と何人かいる庶子はほぼ均等に所領をわけるのです。分割相続については，分割相続の方法や例は多く出ていますが，どのように始まったのかはわかりません。

　しかし，『バイキングの経済学』（山川出版社刊）によると，バイキングは，海へ出る前は鎌倉武士のようなノルウェーの自営農業民であり，フィヨルドの斜面の小麦をつくっている小耕地を開発し尽くした時，生計を維持するために一族で分割相続を始めるといいます。鎌倉武士も不安定な所領を開発し尽くした時，分割相続が始まったのでしょう。

　惣領制は鎌倉幕府の支配の拡大に比例して，揺いでいきます。1221（承久3）年の承久の乱で，幕府の支配は西国へ，九州へと拡大しました。恩償として，朝廷側の九州や西国各地の荘園に，東国武士が地頭として入部します。大友能直は，相模国大友郷の有力御家人でしたが，恩償として豊後国大野荘の地頭職を得ました。死後，嫡男は本領を継ぎ，庶子たちは豊後国大野荘の地頭職を分割して相続します。遺言では，相模の嫡男が，一族の分をまとめて幕府への奉仕をすることになっていました。しかし，豊後国と相模国は遠く離れています。合戦の時には，一族がまとまって出陣できるのでしょうか。一族の惣領制は，維持できたのでしょうか。幕府の基盤である惣領制は，矛盾が拡大していきます。

5 荘園絵図から何が見えるのか

　中世には，多くの荘園絵図が作成されました。荘園領主などが，荘園をもっていることに何か問題が生じたり，確認しておきたいことがある時に，証拠としてつくられることが多かったのです。それ故，荘園絵図は，荘園設立の立券図（四至の牓示を示す），開発を計画した差図，争論を解決するための争論図（主に下地中分を図示する）などがあります。

　伯耆国東郷荘の荘園絵図は，まさしく下地中分の証拠として作成されたものです。伯耆国東郷荘は，京都の西の郊外にある松尾大社が領主権をもつ荘園です。1103（康和5）年，絵図の東側にある倭文神社の経筒銘に，河村東郷とあり，これが荘園化したものと考えられ，1247（宝治元）年には松尾大社の荘園になっていたものです。1258（正嘉2）年，領家である松尾大社と力を伸張させ支配権を強めていた地頭（誰であるかは不明）との間で，荘園を折半する下地中分が行われました。この絵図はその時に作成されたと思われます。室町時代に入ると，守護の山名氏による乱妨や押領が起こり，領家である松尾大社の支配は困難となりました。

　荘園をめぐる荘園領主と地頭との対立の解決のために幕府がすすめたのが和与です。地頭の荘園侵略に対して，荘園領主と地頭が地頭請や下地中分で和解します。和解が成立すると和与状が作成され，幕府がこれを保証する下知状がつくられました。地頭請は，毎年一定の年貢を地頭が荘園領主へ納入する条件で，荘園経営を地頭へ一任します。下地中分は，地頭と荘園領主が荘園を分割する解決法です。田畑だけでなく，山林・原野・百姓も中分の対象となりました。下地中分にあたって，多くの荘園絵図がつくられています。

東郷荘の下地中分の原則は，東側が地頭分，西側が領家分ですが，平地で水田が多い北西部（伯井田地区）は領家側だが地頭と折半し，牧は地頭側の地域ですが領家と折半されています。馬は神社の神事には欠かせないものであり，武士にとっても合戦では必要なものでした。中分線の両側にある花押は，執権（北条長時）と連署（北条政村）で幕府の権力者によって保証されたことがわかります。

　地頭は，地頭請になると荘園経営を手に入れましたが，貴族や寺社の荘園領主はまだ上級の領主権（徴税権や警察・裁判権）を保持していたため，荘園領主と対等ではありません。しかし，下地中分を行えば，折半した分では地頭が完全な領主権を握り，荘園領主と対等の支配者です。一方，荘園領主にとっても荘園の半分は支配を立て直せます。いわば，地頭の荘園侵略に歯止めをかけたことになります。

伯耆国東郷荘絵図

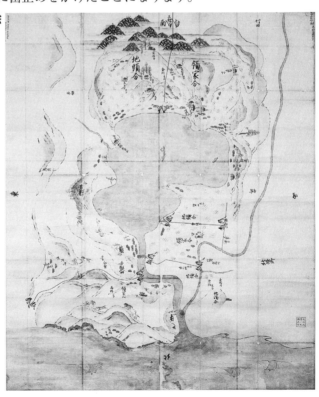

6 鎌倉時代の農業と農民の願いは何か

　中世は，開墾の時代であるといわれています。山野が開墾され，多くの耕地が拓かれました。しかし，現代のように水田がひろがる風景を思い描くと，それはまったくの間違いです。耕地面積も90〜100万町歩ぐらいであろうと推測されています。江戸時代初頭の耕地面積は，164万町歩と考えられていますから，その耕地面積は江戸時代初めの頃の3分の2ほどしかないのです。

全国の耕地面積の推移

年代	耕地面積
1600年頃	1,635,000町歩
1720年頃	2,970,000 〃
1874年頃	3,050,000 〃

　中世の耕地では，「かたあらし（片荒）」という言葉がよく使われます。また，「年荒」とよばれることもあります。1年耕作すると，次の1年間は休耕させる田畠です。毎年，同じ耕地に作付けする地力はないのです。2年間耕地を休ませることもありました。休耕地は，まとめて広い土地を休ませるのではありません。耕作中の田畠と混在しています。

耕地と休耕地のモデル

2年目休耕地		1年目休耕地	2年目休耕地
1年目休耕地	2年目休耕地		1年目休耕地
		1年目休耕地	2年目休耕地
1年目休耕地	2年目休耕地		1年目休耕地

　□ は作付けした田畠

　耕作地と休耕地は，例えれば，パッチワークのように，まだら模様になっているのです。中世ヨーロッパの三圃制も，春耕地・秋耕地・休耕地の3つにわけて耕作し，ほぼ1年半休ませますが，日本の中世も同じように耕地を使用していたのです。

　耕作地には標（注連）を張り，土地の領有を示したり，場所を限ることを行いますが，休耕地は標をおろさず，

牛馬放牧のための農民の共同使用地とされました。牛馬の糞尿で自然に地力が回復するのを待つためです。

　荘園を耕作している農民も不安定でした。耕地は絶えず旱魃や水害，虫害にさらされ，飢饉に襲われることもしばしばです。1つの所に居住し続けるのは困難ですが，それでも根本住人といわれる長く居住している農民もいましたが，浪人という流れ着いた農民も多かったのです。

　農民は農業技術を発展させて，生産力の増加をはかりました。川面より上の土地へ水を揚げる（揚水といいます）のは，平安時代に中国から伝わった水車です。また，種籾は水に浸して未熟種子を取り除き，発芽を促進させます（浸種）。苗代をつくり，牛馬を使用した田起しや代掻きも始まりました。黄金色に実った田には，僧都（案山子）が立てられ，張った縄に鳥がとまると鳴る引板（鳴子）もつくられました。稲刈り後の稲束をかけて天日で乾燥を行う稲機も普及したのです。

　稲の品種改良も進みました。炊いて食べるため，あまり粘りけのない普通の米である粳米のほか，餅をつくる粘りけの多い糯米もつくられました。台風に対処し，また労働力を分散するために，田植えと収穫時期をずらす早稲・中稲・晩稲の品種も普及しました。中国からは多収穫できる品種の大唐米も入ってきました。これは占城米とか赤米とかいわれています。ベトナムが原産ですが，少し赤い色をしています。祝い事には欠かせない赤飯はこれをまねたともいわれています。

　刈敷や草木灰といった肥料を投入することで，畿内では米と麦の二毛作も広がりました。中世農民の願いは，休耕地を少なくして，すべての耕地に稲をつくり，できるだけ多くの稲を収穫することです。それが「豊年満作」ということです。

7 三斎市の語源はどこにあるのか

　中世から近世初期にかけて，都市や農村では特定の日に定期市が開かれました。月に３度開かれた定期市を，ふつう三斎市といっています。平安時代末期から鎌倉時代にかけて始まり，室町時代前期に全国的に広がります。開かれる場所は，大きな荘園の中心地や交通の要衝，港湾など流通の結節点になる所です。市を開く日は，各地域の中心的な親市の市日を基準に決定されるなど，地域ごとに市を開く日をずらして競合を避け，行商人がまわりやすいように調整されていました。

　しかし，室町時代後期から戦国時代になると，月に６回開かれる六斎市が一般化します。六斎市は，応仁・文明の乱後，各地に発生したといわれています。戦国大名は，その富国強兵策として商業の発展をはかるため，新しい宿場や新しい町をつくった時に，六斎市を開く例が多かったのです。

　六斎市も開催日を調整して結びつき，一定の市場網を形成することがありました。埼玉県の秩父盆地では，中心の町である秩父大宮（１・６日）を親市とし，贄川（２・７日），吉田（３・８日），大野原（４・９日），上小鹿野（５・10日）の順で開催するシステムがとられていたのです。

　東京の世田谷のボロ市は，現在では，12月15・16日と翌年の１月15日・16日に開かれて，10〜20万人の人が訪れますが，それは1578（天正６）年に北条氏政の「楽市掟書」によって，世田谷城下で始まったとされています。戦国大名の北条氏が江戸と小田原の間にある世田谷宿で，伝馬を確保するために宿場の繁栄をはかろうとしたのです。

　しかし，実は，「三斎市」という言葉は，史料上ではまだ見つかっていません。史料の上では，「三度市」という言葉が出てくることはあっ

ても，「三斎市」という言葉は出てこないのです。

それでは，六斎市の方はどうかというと，こちらは史料にも「六さい」ないしは「六斎」という言葉ではっきりと出てきますし，用例も豊富なのです。それでは，なぜ「六斎」があって「三斎」がないのでしょうか。

私たちが三斎市，六斎市という時，「斎」という語には「度」とか「回」といった意味が含まれていると錯覚していますが，「斎」には元来そういう意味はありません。国語辞典でも，「斎」とは仏教用語で身心を慎むことをいいます。とくに日本では，古来から毎月8日・14日・15日・23日・29日・30日の6日を「六斎日」，あるいは「六斎」とよんで，これらの日には殺生や酒食を慎む習慣がありました。つまり，「斎」という語はもともと「六」という数字とセットで使われていたので，三斎，四斎……というように，たやすくいい換えのできる語ではなかったのです。月に6度の定期市が「六斎市」とよばれたのは，月に6度という点で共通性をもつ「六斎日」の「六斎」を，「六度」の意味に転用したものと考えられます。あくまで憶測ですが，月に6度の市が「六斎市」なのだから，3度なら「三斎市」でいいだろうという発想が，「三斎市」の造語を生み出した可能性があるのです。

図1　市の開催と行商人の例

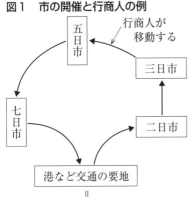

図2　1578（天正6）年の北条氏政「楽市掟書」

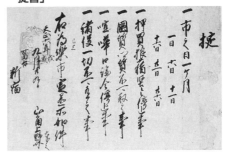

8 中世の為替の実態はどのようなものか

　山川出版社の『詳説日本史　改訂版』に為替（かわせ）の説明として，「さらに遠隔地間の取引には，金銭の輸送を手形で代用する為替」が使われたと書かれています。中世には，現在の小切手，約束手形，あるいは為替手形のような「離れた地域に現金を輸送する代わりに，信用手段により債務や債権を決済する方法」として，手形類が存在していました。しかし，「為替」という語が登場するのは江戸時代です。ポルトガル人宣教師がつくった『日葡辞書』（にっぽ）には，「カワシニスル」の語があることや，「かわす」の語が多くの史料に見えることから，中世では「かわし」とよばれていたことがわかります。

　いわゆる為替は，どの程度の「遠隔地間の取引」に使われ，どのように「金銭の輸送を代用」していたのでしょうか。

　ここでは，為替手形の一種である割符（さいふ）について，京都の東寺（とうじ）がもっていた備中国新見荘（びっちゅう）（にいみ）（現，岡山県新見市）関係の史料から考えてゆきましょう。

　この割符は1467（応仁元）（おうにん）年12月28日に，常俊（つねとし）という人物が「ゆはとの」に対し発行したことが記され，堺北荘（さかいきたのしょう）（現，大阪府堺市）の備中屋彦五郎（ひこごろう）で支払うことが記されています。現在の手形の用語でいえば，常俊が振出人兼支払人（ふりだしにん）（しはらいにん），「ゆはとの」が受取人，備中屋彦五郎が現在の銀行にあたる支払場所とされた約束手形ということになります。

　新見荘から送られた割符を受けて，荘園領主である東寺は，その配下の道仲（どうちゅう）（経理担当の僧か）を堺まで使者として派遣します。そして，堺の備中屋彦五郎のところでこの割符を現銭に替えることができました。「ゆはとの」という受取人があるにもかかわらず，現銭化できたということは，割符が基本的に持参人払いであったことを示しています。つま

り，東寺は，京都から堺へ使者を出すという手間はかかったものの，無事割符を銭にかえることができたのです。

　また，常俊から「ゆハとの」へ渡された割符が，二郎四郎（じろうしろう）という人物を経て備中国新見荘までまわったのです。二郎四郎は，堺の人物であることがわかっています。堺の商人のネットワークが備中国まで伸び，そのなかで割符が機能していました。常俊と備中屋の間には現銭や米を預けたりしている取引があったのです。

　京都で支払われるべき割符が，尼崎（あまがさき）で支払われている場合もありました。そのほか東寺では加賀（かが）国からの輸送で，「割符が手に入らないので現銭で送りたい」という記録があり，地方では割符の入手がなかなか困難であったことがわかります。つまり，為替の流通は，畿内周辺の商人たちのネットワークの範囲だけで，その量は限定されていたのでしょう。

備中国新見荘の割符の流れ

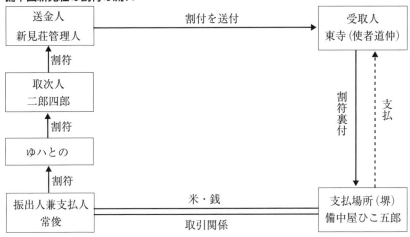

室町時代の守護はどこに住んでいたのか

　30年ほど前まで，室町時代の守護は在国して領国経営を行っていたと考えられていました。『高等学校日本史（改訂版）』（永原慶二編，学校図書株式会社，昭和59年文部省検定済）では，「義満・義持のころ，室町幕府の政治は安定し発展をとげたが，地方では守護がその任国に定着して大名化しはじめ」たと記述されていました。

　室町幕府を2分する大内乱である応仁・文明の乱（1467〜77）は，京都が主戦場となりました。守護たちは，それぞれの分国から上洛して戦ったのでしょうか。そうではありません。周防の大内政弘のように，上洛した者もいましたが，大半はもともと京都に住んでいました。京都にいたから，京都が主戦場になったのです。応仁・文明の乱だけではありません。播磨・美作・備前の守護であった赤松満祐が，1441（嘉吉元）年6月，6代将軍足利義教を暗殺した嘉吉の変の舞台も京都だったのです。

　守護の在京は，室町幕府における暗黙のルールでした。今日，これは室町幕府の守護在京原則とか守護在京制とかよばれています。この守護在京制は，成文法ではなく，慣習によって規制されていた不文律でした。

　また，将軍から「お暇」の許可を得ないで勝手に下国した場合は，謀叛と見なされたのです。この規制は義満の晩年に成立し，義持・義教の時代には遵守されていました。1427（応永34）年，4代将軍足利義持が赤松満祐の所領を奪い，一族の赤松持貞に与えたことに抗議して赤松満祐が播磨へ下ったのに対し，義持は追討軍を派遣しました。どのような理由であろうとも，暇を乞わずに下国すれば追討の対象となったのです。赤松満祐からすれば，勝手な下国は義持に対する抗議，あるいは叛意の表明でした。その際，たんに下国するだけでなく，その前に京都に

ある自邸を焼く，いわゆる「自焼」という行動をともなうのが普通でした。14年後の嘉吉の変でも，将軍義教の暗殺後，赤松一族はそれぞれ京都の屋敷を自焼して続々と本国の播磨へ帰りました。

　守護在京制を，室町幕府が理念としたのはなぜでしょうか。

　室町幕府は，一種の戦時体制としてスタートした政権です。戦時体制下の武将は，許可のない限りは常に総大将の旗下に控えていなければいけません。勝手に動けば，戦線離脱

京都における武家屋敷

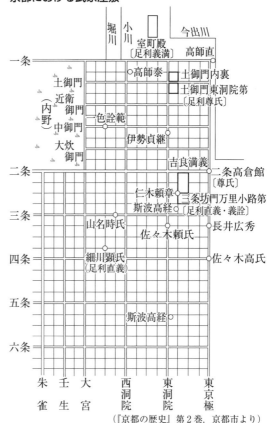

（『京都の歴史』第2巻，京都市より）

と見なされました。守護在京制は，戦時のルールがそのまま平時に持ち込まれたものと解釈できます。守護在京制が，義満晩年に慣習化されたといっても，潜在的には室町幕府成立当初から存在していたと見てさしつかえないでしょう。それは，たぶん武家政権の本質にかかわる要素なのです。

　1477（文明9）年，応仁・文明の乱が終わると，京都で戦っていた東西両軍の守護たちは，足利義政・日野富子夫妻の制止を振り切って，分国へ下って行きました。義政には，もう追討軍を差し向ける余力はありません。こうして，室町幕府の守護在京制は崩壊したのです。

中世の金融業者である借上や土倉は，どのような人たちか

10

　鎌倉時代から室町時代前期（南北朝）の高利貸を，借上といいます。語源は，銭を高利で貸すのを借上といったことから始まりました。比叡山延暦寺の山僧が，山門（延暦寺）の威を借りて高利貸をして，富をたくわえていた例が多く見られます。こうした例は，延暦寺関係の荘園を管理していた僧が，そこから富をたくわえるか，一時的に年貢などを流用して高利貸をしていたものでしょう。

　貨幣経済の進展にともなって，借上の活動は広がりました。室町時代の手紙の文例集である『庭訓往来』にも，「泊々借上，湊々替銭，浦々問丸」とあります。港町を中心に借上が数多く現われます。問丸は物資の保管業者です。鎌倉時代の地頭のなかには，借上を代官として所領の管理をまかせ，借上から資金提供を受ける者まで現れます。

　生活が困窮した地頭や御家人は，大切な武具（これがないと合戦に参陣できず，幕府への奉公ができません）や先祖伝来の一所懸命の所領を質に入れ，借上から銭を借りました。鎌倉幕府は，この状況に対し諸国の地頭が山僧・商人・借上（当時は山僧・借上と商人が同一のものと意識されていたのでしょう）を，地頭代官に任命することを禁止したり，所領を借上に売却することを禁止しました。しかし，このような禁令がたびたび出されたことを考えれば，あまり効果はなかったのでしょう。

　室町時代中期からは，借上の語は見られなくなり，土倉が高利貸を代表する語となります。土倉は，火災などに耐えられるよう，質物を保管する土塗り壁の倉をもっている金融業者です。図にあるように，まだ火災の余韻が残る焼跡には，土倉がしっかりと残っています。土倉の前にいるのは，金融業者の家族でしょうか。その中心にいるのは僧侶です。おそらく，延暦寺の山僧が土倉を営んでいたのでしょう。土倉は，質物

をとって銭を貸していました。鎌倉時代の借上は，主に土地そのものを担保としていたのに対して，室町時代の土倉は土地の権利証や絹や織物や書画・陶器などの唐物，刀などの武器，甲冑を担保として預り，銭を貸したのです。鎌倉時代の土地を担保の中心とする借上と比べ，土倉を利用する人びとは小さな質物を土倉に入れて借銭しました。金融が，庶民にまで広がったといえるでしょう。そのため，多くの人びとが借銭に苦しめられ，徳政一揆となったのです。利子は，１カ月で100文あたり５〜６文です。現代の銀行利子からすれば高いようですが，当時としては高利というわけではありません。質流れとなる期間は，絹布で12カ月，武具類で24カ月と定められています。

　また，土倉は酒屋を兼業している場合が多かったのです。酒屋は醸造期間が長く，資金を潤沢に準備する必要があった反面，利潤も多く，その資金で土倉を兼業していたのです。1425〜26（応永32〜33）年の北野社の「酒屋名簿」によると，洛中洛外に酒屋は347軒あり，大半が土倉を兼業していました。そのため，室町幕府は土倉・酒屋へ課税し，幕府財政は大きくそれに依存していたのです。

火事で残った土蔵（『春日権現記』）

室町時代の一揆とは何か

　室町時代は，まさに「一揆の時代」といえます。村々の土民が結合した土一揆，それが徳政令を要求すると徳政一揆となります。そのほか，高校の教科書に出てくる一揆の名称には，国一揆，国人一揆，一向一揆，法華一揆など，さまざまな一揆があります。

　そもそも一揆とは，共通の目的のもとに，一定の領域において，対等の立場で形成された結集であるということができます。一揆は，結集する目的を神に誓約し，起請文に書きます。起請を書く用紙は，主に熊野大社の護符を使います。起請文に参加者全員が署名した「一揆契状」を作成し，それを焼いた灰を，水に溶かしてゆかりの神社などの神の前で飲みます。これを「一味神水」といいますが，このような作法を通して神のもとに平等に強く結びついた，いわば運命共同体となるのです。

　室町時代という時代は，さまざまな局面で一揆が形成されるという，まさに「一揆の時代」でありました。社会的安定を保証する中央権力が弱体であれば，生き残るためには一揆を結ばなければならなかったのです。

　一揆を結ぶ主体について考えてみると，土一揆の中核は，土民・地下人とよばれる土着の侍身分（地侍）以下の階層と考えられます。土一揆は，徳政を要求して実力で債務破棄を行いますが，それは土一揆が徳政実施の資格をもつ主体であるとする観念が民衆の間にあったからです。

　国人一揆は，地域の有力な武士である国人（惣村をいくつか束ねた郷村を支配下においている）同士が，横につながって形成するものです。戦乱のなかで敵対する勢力に対し，国人が協力して防戦するなどを誓約したり，国人と国人とで所領をめぐる紛争が生じた場合は，一揆を構成

する国人が相談した上で，多数決によって調停し，解決することを決め
ている場合もあります。これらの一揆契状には，戦国大名の分国法の内
容と共通するものも含まれています。

　国一揆は，1485（文明17）年に起こった山城の国一揆が代表です。こ
の一揆を記した『大乗院寺社雑事記』には，60〜15, 6歳までの国人
（15〜16歳で元服する）が宇治平等院に集まり，「一国中の土民」も群
集したとあります。国一揆は，国全体の国人・地侍・土民の結集だとわ
かります。

　一向一揆は，国人一揆の結合に信仰的結合が加わり，さらに強固なも
のとなります。浄土真宗（一向宗）のその地域の指導的僧（坊主）の
もとに，国人・地侍・土民が宗教的組織である講として団結します。こ
うして加賀の一向一揆は，15世紀末から100年間，加賀国を支配し，加
賀は「百姓のもちたる国」となりました。

一揆の階層と主体

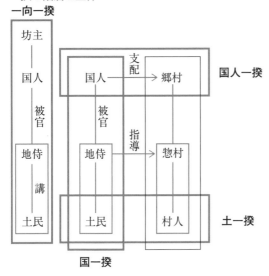

12 倭寇とはどのような活動だったのか

　中世における国際的な経済関係について考えてみたいと思います。3つのパターンで考えましょう。①国家間の国交はないけれども，経済関係（貿易）がある場合，②国家間の正式な国交があり，その上で経済関係（貿易）が成立している場合，③国家間の国交も断絶し，経済関係も成り立っていない場合です。

　①の場合が日元貿易です。文永・弘安の役後も，元は日本遠征の中枢官庁である征東行省を廃止していませんでした。元は明の初代皇帝朱元璋によって北へ追われるまで，日本征服をあきらめていなかったのです。鎌倉幕府も，元の滅亡まで九州の防備を固め，日本と元は交戦状態でした。それにもかかわらず，鎌倉幕府は1325（正中2）年に鎌倉の建長寺造営の資金を得るために，元へ建長寺船を派遣しました。これにならって，足利尊氏も，1342（康永元）年に天竜寺の造営資金を調達するために，天竜寺船を派遣しました。

　②の場合が日明貿易です。南北朝を統一して政権基盤を強固にした足利義満は，勘合貿易を始めました。明も3代永楽帝以来の治世で，安定した帝国となりました。日本も中国も比較的安定していたため，国交も貿易も成立したのです。

　③の場合，正式の国交がなく，経済関係がないなかで，強引に経済関係を取り結ぼうとする行為が海賊です。これが，明や高麗からすれば倭寇ということになります。

　倭寇は前期倭寇と後期倭寇の2つの時期にわかれます。前期倭寇は，日本が南北朝の内乱期に発生します。三島倭寇とよばれ，主に対馬，壱岐，松浦（松浦は半島ですが，平戸島や生月島もあります）の漁民や土豪が倭寇となって，朝鮮半島を襲いました。掠奪物は米や小麦などの

雑穀が中心であり，内乱による生活の窮迫から倭寇におよんだのでしょう。

　後期倭寇は，日本が戦国時代に突入した16世紀初頭から豊臣秀吉が1588（天正16）年に海賊禁止令を出す頃まで活動しました。この時代，日本は戦国の世となり，室町幕府は中央権力としての機能を失い，明も弱体化が顕著となった時期です。両国とも，中央権力が空白化していたのです。後期倭寇の実体は，大半が中国人といわれています。日本人は3割，中国人が7割だったようです。襲う場所は，明の東シナ海沿岸でした。1553（天文22）年の「嘉靖の大倭寇」は，中国人の王直を首領にして数万人の大軍で中国大陸の数十kmの内陸まで侵攻したのです。王直は日本の平戸島に城砦をもち，数千人の部下がいたといわれています。1549（天文18）年，ポルトガル人が種子島へ漂着した時に乗っていたのは，王直のジャンク船だったのです。ポルトガル人は，倭寇の経済的ネットワークにのって日本へ来たのです。

倭寇関連年表

時代区分		倭寇関連年表
1333	鎌倉	1325 建長寺船
1336	南北朝	1342 天竜寺船
		前期倭寇
1392	室町時代	1404 勘合貿易
1477	戦国時代	1523 寧波の乱
		後期倭寇
1573	安土桃山	1588 海賊禁止令

倭寇の図（『倭寇図巻』）

13 勘合とは何か

　中世は封建国家の時代です。封建国家は，臣下が主君に臣 従 する主
従制によって成り立っています。それ故に，中世の国家と国家の国際関
係も主従制の原理によって成り立っているのです。すなわち，対等な国
際関係などはあり得ません。貿易は，いわゆる 朝 貢貿易しかないので
す。朝貢貿易は，臣下とされる国が主君の国へ貢物を捧げ，それに対し
て主君の国の皇帝が返礼としてさまざまな物品を下げ渡し，経済的には
貿易のように見えるのです。

勘合貿易関連年表

年 1401	応永8	足利義満，僧祖阿に肥富（博多商人）らを明へ派遣
1402	応永9	遣明使帰国。義満，明使を引見
1403	応永10	明使帰国。義満，堅中圭密を明へ派遣，国書に「日本国王源」と自署
1404	応永11	明使来る。明の国書に「日本国王源道義」とある。また，明が「大統暦」を下賜。勘合貿易始まる
1411	応永18	4代足利義持，明使を兵庫から放逐

　1401（応永8）年，室
町幕府3代将軍足利義満
は明へ使者を送りました。
正使は祖阿（同朋衆
か）に，副使は肥富（博
多商人）です。翌年，遣
明使とともに明使が来日
しました。翌1403（応永
10）年，明使帰国ととも
に遣明使を派遣し，日本からの国書に義満は「日本国王源」と自署しま
した。「国王」はある一定地域の支配者で，全世界を支配する皇帝の下
にあることを明確に示したのです。

　1404（応永11）年，明の3代永楽帝はその国書で，義満が「日本国
王」であること，すなわち臣下であることを認め，明の暦である大統暦
を下賜しました。皇帝は時間をも支配しています。明の暦を使用するこ
とで，明の皇帝が支配する時空に入るのです。貿易の利潤があるとはい
え，当時の公家や武家のなかには，こうした屈辱的な外交姿勢に反発す

るものも数多くいました。それが，義満が死去したのち，4代将軍足利義持が明との外交・貿易関係を断つ理由になったのです。

　日本と明との貿易は，勘合貿易とよばれています。正式な朝貢の使者であることを示すのが勘合です。勘合が必要になったのは，明が海禁令を発布して，海外との貿易を禁止したからです。このため，某国王使節を騙って（偽使），不当な貿易活動が行われました。明にとっては，国際的秩序や海禁を貫徹するために，勘合の制度が不可欠だったのです。

　従来，勘合は図1のように説明されてきましたが，それが誤りであったことがわかってきました。勘合について，清朝前期の戸部勘合から復元を試みているのが，北海道大学大学院准教授の橋本雄氏です。その復元案が図2です。縦1m以上，横も1.5mぐらいあり，明の礼部（外交・儀礼などの職）が発行した料紙（書き込み用の紙）で，発給した年月も記されています。これをもらった日本側は，中央の大きな余白に使者の名や朝貢品の一覧などを詳細に書き込んで持参するのです。割字・割印も2カ所あり，寧波と北京で底薄と合わせるのです。勘合のイメージは大きく変わってきているのです。

図1　今までの勘合の説明図（2006年版『詳説日本史』）

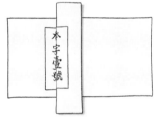

図2　橋本雄氏による勘合復元案

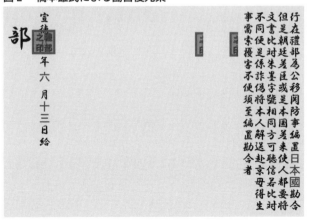

14 応仁の乱が始まった原因は何か

応仁の乱（応仁・文明の乱）は，全国の守護大名が東軍（総大将・細川勝元）と西軍（総大将山名持豊）とに分かれ，京都を主戦場として1467年から77年まで長期にわたった内乱です。

細川勝元と山名持豊が対立し，それが日本を2分する大内乱になった直接の原因は何だったのでしょうか。実は細川勝元と山名持豊は，親戚関係でした。細川勝元の嫡子である政元の生母は持豊の養女（実父は山名熙貴）であり，政元は持豊の外孫にあたります。政元が細川家の家督を継承することは山名持豊にとって歓迎すべきものだったのです。

政元の誕生は1466（文正元）年12月20日で，その1カ月後，1467（文正2，3月5日に応仁と改元）年1月16日，畠山義就と畠山政長の争いに，足利義政が当事者間の軍事力による解決を容認したことで，京都の御霊神社周辺で武力衝突し（御霊合戦），応仁の乱が勃発しました。

細川勝元が持豊の養女との間に子をなしたことを考えれば，両氏の対立が決定的になったのは，政元の誕生を大きく遡らない時期のことと思われます。政元誕生の3カ月前の1466年9月には，勝元・持豊の両人が，共同して8代将軍足利義政の親政を支えていた政所執事伊勢貞親と蔭凉軒主季瓊真蘂を失脚に追い込んでいた（文正の政変という）ことを考えれば，両者の決定的対立という事態は，文正元年9月以後，数カ月間に急速に進展したものとみられます。

政元が誕生した5日後，6年前に将軍足利義政の命で家督が廃されて京都を逃れ，その後も幕府の討伐に屈しなかった畠山義就が河内から入京しています。畠山氏は細川氏とともに室町将軍家を補佐する3管領の1つです。義就は，7日後の1467年1月2日には足利義政へ対面をとげました。細川勝元は長年にわたり，畠山義就と対立していた管領畠山政

長を後援していたので，義就の入京と将軍足利義政への対面は，管領畠山政長と細川勝元の立場を危くするものだったのです。義就の一連の動きは山名持豊の後押しによるものでした。これによって，細川勝元と山名持豊の対立は修復不可能なところに至ったのです。

　山名持豊は畠山義就を積極的に支援して復帰をはかったことで，細川勝元と完全に手を切り，対決することを選択したのです。こうした持豊の選択は，将軍足利義政の権力低下を如実に示した文正の政変後の政治状況のなかでなされたといっていいでしょう。持豊は，文正の政変後の幕閣で重みを増した足利義視（義政の弟でこの時点では次期の将軍候補）と提携することで，細川勝元を抑え込めると判断したのでしょう。1月8日に管領を畠山政長から斯波義兼に替え，1月16日の御霊合戦で畠山政長を没落させるまでは，山名持豊の目論見通りでした。しかし，5月に細川勝元の反攻が始まり，そこから一挙に大乱となるのです。

　このような動向を見ると，応仁の乱勃発に至る過程で，山名・細川両氏が激しく対立しながら幕閣を2分していたというよりも，一挙に幕府の主導権を握ることが可能だと判断した山名持豊が，細川勝元と対立する勢力に本格的に荷担したことで一気に大内乱に向ったと考える方がよいでしょう。

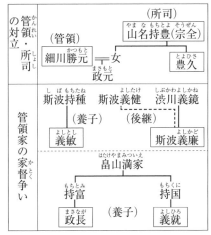

応仁の乱の対立

⑮ 応仁の乱の経過と結果はどのようになったのか

　室町時代の中頃から，室町幕府はさまざまな不安定要素を抱えていました。その1つが，守護職をめぐる守護大名家の家督争いが激しくなったことです。その家督争いが，将軍を補佐する3つの管領家（細川・斯波・畠山）のなかの畠山氏と斯波氏の間で起こっていたのです。また，くじ引きで6代将軍となった足利義教の強引な権力強化によって，いくつかの国の守護職の不安定化が増大していたのです（赤松・山名両氏の争う播磨・備前・美作の3ヵ国，武田・一色の争う若狭など）。

　山名持豊は8代将軍足利義政の権力低下を決定的にした文正の政変後，室町幕府のなかで重みを増した足利義視と提携して細川勝元を抑え込み，幕政の主導権を握れると思いました。1467（文正2）年1月8日，管領を畠山政長から斯波氏のなかでも自分に近い斯波義廉に替え，16日に御霊合戦で畠山政長を没落させるまでは山名持豊の思惑通りでした。しかし，5月に細川勝元の大規模な反攻が始まり，そこから一挙に大乱となるのです。

　畠山氏の家督争いでは，細川勝元と山名持豊は協力して畠山義就を排撃し，畠山政長を後援したことで，義就は幕府を追われていました。しかし，山名持豊は義就を入京させて，細川勝元・畠山政長対畠山義就という従前の対立関係を組み換え，一気に幕府の主導権掌握をはかったのです。東軍（細川勝元）と西軍（山名持豊）の両陣営は，ともに当初は短期間に軍事的決着をつけ，その後は自派が主導権を掌握した幕政のなかで解決することを想定していたのでしょう。ところが，両陣営の勢力が拮抗していたことで，争乱が長期化してしまったのです。

　従来，応仁の乱は細川勝元と山名持豊という2大勢力の対立として語られてきましたが，1473（文明5）年，勝元・持豊が相次いで没すると，

両氏は１年後に和睦し，山名氏は東軍に降りました。しかし，畠山政長軍と畠山義就軍の争いは続いており，その両軍を南山城から追い出して８年間の自治を行った武士や農民による山城の国一揆が起こったように，戦闘は継続していました。細川・山名両軍の間には，両畠山氏のように戦争によって解決しなければならない決定的争点を見出すことは非常に困難だったのです。

　しかし，応仁の乱によって室町幕府は大きく変質します。最大の変化は，乱後，諸国の守護が京都に常駐しなくなったことです。守護の在京を前提にした幕政の仕組みは一変します。端的な例は，将軍を補佐する有力守護の代表ともいうべき管領は，常置の職ではなくなり，儀式に際して補佐する名目的な存在になってしまいました。この変化は，将軍の命令を実現するために幕府が発給する文書の様式にも反映しました。すなわち，乱の前は管領が守護に宛てて将軍の命令を伝えた管領奉書の役割を，乱後には幕府の吏僚にすぎない奉行人が守護や当事者に宛てて将軍の命令を伝える奉行人奉書が果たすようになったのです。

　応仁の乱を経て，将軍が守護に向けて保持していた求心力が弱まり，幕府のもっていた有力守護大名の連合政権という性格が希薄化したのです。

守護の在国

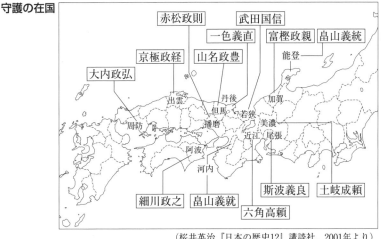

（桜井英治『日本の歴史12』講談社，2001年より）

16 徳政令を生み出した社会通念とは何か

　「徳政」とは，『広辞苑』によれば「①人民に恩徳を施す政治，即ち，租税を免じ大赦を行い物を賜うなどの仁政」とし，「②中世，売買・貸借の契約を破棄すること」と解説しています。その上で，「質入れの土地・質物を無償で持主に返すことの制度（永仁の徳政令）に始まり，室町時代には，しばしば窮乏化した土民がいわゆる土一揆を起して幕府に徳政令の発布を強要した」と述べています。

　「徳政」とは，本来①を意味する語でありましたが，鎌倉時代末以降，おそらく永仁の徳政令をきっかけに，「徳政」といえばもっぱら債務の破棄や，時に永代売却地の売主への無償返還（無条件で売主が取り戻せるということ）を指すようになりました。

　「徳政」の背景には，土地や財と，その本来の持ち主（本主という）との間に呪術的な結びつきを認める社会通念があったことがわかってきています。

　それは，土地を開発・開墾して作物を実らせることができる耕地にした開発者は，その土地のもつエネルギーを引き出した人で，永久にその土地のエネルギーは，その人のものになったという意識です。これを地発・地起しといいます。

　この社会通念は，土地や財が本来の持主（本主）の手を離れて別の人のものになっている状態を，仮の姿ととらえる意識を生み出しました。そうした意識が，将軍の代替りや天変地異，政変などをきっかけに表面化した時，土地や財を本主の手に戻そうとする「徳政」要求運動が起こると考えられるようになったのです。

　中世的な「徳政」の始まりとなった永仁の徳政令は，1297（永仁5）年に発布されました。これは，武士の所領形態の原則であった分割相続

や当時の貨幣経済に巻き込まれて窮乏した鎌倉将軍の家臣である御家人（ごけにん）を救うために，御家人がそれまでに質入れしたり，売却したりした御家人領を無償で取り戻す法令でした。しかし，永仁の徳政令では，貞永式目の条文通りに売買してから20年を過ぎた所領は，元の売主は取り戻せないと規定しました。土地を開発した者は永久にその土地と結びついているものなのに，なぜ「20年」を過ぎるとだめなのでしょう。それは，社会が発展し，経済活動が活発化し，土地の売買が増加してきたなかで，「永久」に開発者と開発した土地との関係を認め続けることができなくなったからです。こうした社会通念と土地売買の激増という社会状況との折り合いが，「20年」なのです。

　室町時代になって，一揆が京都の高利貸である土倉（どそう）や酒屋（さかや）（醸造期間がいる酒屋は金融で資金を得ていた）を襲い，質物や売買証文を奪って幕府に衝撃を与えた1428（正長元（しょうちょう））年の正長の徳政一揆は6代将軍足利義教（よしのり）の就任時に，数万人の土一揆が京都を占拠した1441（嘉吉元（かきつ））年の嘉吉の徳政一揆は7代将軍足利義勝（よしかつ）の代始めの時に起きています。これは，支配者の交代によって所有関係や貸借（たいしゃく）関係が一気に元に戻り，社会関係が改められるという社会通念があったからです。

貞永式目

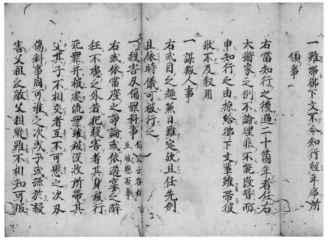

17 古河公方と堀越公方はどのような存在か

　室町幕府は，関東統治のために鎌倉公方・鎌倉府をおきましたが，早くから鎌倉公方が自立する傾向に悩まされました。室町時代に，幕府の将軍と鎌倉御所はともに公方といわれました。室町幕府の6代将軍足利義教は，永享の乱（1438年）を引き起こして鎌倉公方の足利持氏を滅ぼし，1439（永享11）年7月に自分の子の1人を鎌倉公方と定め，これを軸に鎌倉府を再組織しようとしました。この計画は，義教が赤松満祐に殺されて（嘉吉の変）中断しますが，義教の定めた新しい鎌倉公方は，堀越公方初代足利政知その人であった可能性が高いのです。

　永享の乱で滅ぼされた足利持氏の子成氏は，下総の古河（現在は茨城県）へ移って古河公方として，京都の幕府からの自立をめざします。関東のうち，安房・上総・下総・常陸・下野は古河公方が掌握しました。また，旧鎌倉府の吏僚はほとんど古河公方に従い，古河へ赴きました。関東の有力武士も，多くは古河公方を支持しました。それは，関東管領山内上杉氏の風下に立つことを喜ばない，関東の有力武士たち自身の名門意識からであろうとされています。

　鎌倉府の分裂は，足利成氏と関東管領山内上杉氏との対立にありましたが，堀越公方の成立は上杉氏の主導性よりも，京都の室町幕府が関東の支配を強化するために送り込んだ面が強かったのです。堀越公方となる政知は，1435（永享7）年7月13日生まれの義教の次男（長子は嗣子義勝）で，翌年1月2日に生まれる義政の異母兄です。しかし，母の身分が低かったため，父義教の死後，出家して天竜寺香厳院主清久となりました。1457（長禄元）年12月19日，清久は8代将軍足利義政の命で還俗して政知と名乗り，翌年4〜6月頃に伊豆へ赴きました。

　堀越公方足利政知は，幕府に忠実だったので，幕府からの自立を追求

した以前の鎌倉公方とは異質の存在でした。永享の乱ののち，鎌倉府の旧分国12カ国のうち，陸奥・出羽・甲斐は幕府に接収され，安房・上総・下総・常陸・下野は古河公方の支配下に入りました。そのため，政知の支配は関東管領山内上杉氏の領国である上野・武蔵・伊豆と，扇谷上杉氏の領国である相模に及ぶだけでした。しかし，山内上杉氏，扇谷上杉氏に対する指揮権は，京都の幕府が直接に握って離しませんでした。堀越公方府の要員は，幕府からの出向者か，鎌倉公方と対立していた人びとです。

　一方，政知自身が鎌倉に入って両上杉氏との合流を望むと，幕府は政知の箱根越えを禁じ，堀越御所には駿河・遠江などの室町将軍の分国の兵を配備し，政知と両上杉氏との一体化を阻止しました。幕府が政知に期待したのは関東管領山内上杉氏の風下に立つことを喜ばず，関東の名門意識が高い有力武士を直接掌握させ，京都の幕府の力をおよぼすことです。

　発掘によって，堀越御所跡と鎌倉時代の北条氏館跡は，一致することがわかりました。政知が伊豆北条に駐留したのは，鎌倉北条氏の東国支配権を継承するという象徴的な意味をもっていたのでしょう。

御所之内遺跡の位置

韮山反射炉

伊豆半島

御所之内遺跡　修善寺温泉

18 室町文化を支えた同朋衆は何者か

　同朋衆とは，室町幕府の職制における職掌の１つであり，将軍に近侍して倉の管理・座敷飾・鑑定などにかかわることで，室町文化の形成に大きくかかわった人びとです。同朋衆の「同朋」という語は，もともと仏教用語で，ともに修行する仲間・同僚・朋輩を意味する言葉でした。

　室町文化のなかで，３代将軍義満に仕えて能を大成した観阿弥・世阿弥，８代義政の頃には作庭にひいでて東山山荘（今の銀閣寺）の庭をつくった善阿弥らが知られています。作庭では河原者（山水河原者）とよばれた賤民身分の人びとが活躍しています。同朋衆は，能阿弥・芸阿弥・相阿弥というように，共通して「阿弥号」を名乗っています。室町文化を支えた人には，「阿弥号」をもつ人がいたのです。

　通説的には，同朋衆の系譜は，鎌倉時代末期から南北朝内乱期に，武将とともに戦地に赴く時衆たちにあるといわれています。時衆とは一遍が始めた時宗の僧侶のことです。時衆は戦死者などの葬送に深くかかわっていたため，戦地へ赴いたのです。彼らは「陣僧」とか「従軍時衆僧」とかよばれていました。

　「阿弥号」とは，「阿弥陀仏号」の略で，時宗の徒が名乗るのが一般的でした。しかし，同朋衆の場合は必ずしも時衆に限定されていたわけではありません。禅僧を戒師として剃髪している場合もあり，妻帯している人もいますし，親子にわたって同朋衆になっていることもあります。また，同じ名前を複数の人物が名乗っていることもあります。芸術や芸能を相伝した師弟関係があるのでしょうか。「阿弥号」を名乗り，僧の姿になることによって身分を捨て，世を捨てた遁世者になることが，室町将軍という貴人に奉仕するための条件であり，方便であったというこ

とです。

　同朋衆の仕事を，具体的な例をあげて考えてみましょう。金阿弥・式阿弥の兄弟がいました。金阿弥は1405（応永12）年7月，遣明船に乗って明へ渡り，翌年に帰国しました。将軍の「御倉預」を務めていた金阿弥が入明の間は，弟の式阿弥がその職にあったものと思われます。また，金阿弥は絵画の鑑定もしていました。貿易品や質物などにおける重要品目である唐絵・唐物（中国から来た絵画や陶器などの諸道具）の価値を見極めるための高度な鑑識眼は，「御倉預」にとって不可欠なものだったのです。

　同朋衆の役割として忘れてはならないのが，座敷飾です。室町将軍の「御成り」の場や，幕府の行事や連歌会などの文芸が行われる「会所」という公的な場所に，飾りをつけて権威を示す室礼を行うのです。将軍家所蔵の唐物や唐絵によって，室内を威厳に満ちた空間に変え，将軍を権威づけるのです。同朋衆は，さまざまな場面で将軍にとって必要な存在だったのです。

頭を剃り，僧体に刀をさしている同朋衆

⑲ 田楽とはどのような芸能か

　中世において，田楽は主要な芸能として人びとの眼に映っていました。京を中心に初めて大流行を見た永長の大田楽（1096年）以降も，おおいにもてはやされました。鎌倉幕府最後の得宗北条高時の田楽好きは，それこそ有名でした。

　『太平記』巻5によれば，洛中に田楽がおおはやりしていることを知った高時が，新座・本座（芸能の座もありました）の田楽を鎌倉によんで，「日夜朝暮」これを楽しみ，主な「大名」（北条氏の一族や有力武士）に田楽法師を1人ずつ預け，宴で1曲を奏すれば，高時をはじめ，一族の「大名」たちが，負けじと直垂・大口（大口袴のこと。白や黄色の精好織という緻密な織り方でつくられ，直垂や水干の下に用いる。今でも能装束に用いる）を脱いで田楽法師に褒美として与えたため，それが山のように積み上がったと記されています。

　有名な二条河原の落書にも，「犬・田楽は関東の亡ぶるもとと云ながら，田楽はなほはやるなり」といわれたように，高時の例は決して特殊なことではなく，当時，いかに田楽が流行していたかがわかるでしょう。

　その完成した田楽の実態を伝える室町期の史料『文安田楽能記』によれば，田楽の芸能は大まかに田楽踊り・散楽・田楽の能の3つから構成されています。

　田楽踊りは，田楽の田楽たるゆえんといえます。楽器としては，笛・編木（ビンザサラ）・腰鼓を主に用います。笛役を除いた腰鼓役と編木役が相対して並び，場を入れ替わったり，円形になって移動するなど，幾何学的な動きを特徴とする踊りで，楽器を奏でながら動くという点も大きな特徴です。

　散楽は，大陸より伝来した楽のうち，正規の楽である雅楽以外の楽の

総称です。田楽によって行われた散楽には，主な物として高足・刀玉・弄玉などがありました。高足は，また一足・二足ともよばれ，一足は高い棒に横木をかけ，そこに両足を乗せてぴょんぴょん跳ねまわる曲芸で，二足はその棒が２本になったもので，現在の竹馬のルーツです。また，刀玉・弄玉はそれぞれ刀子や玉をいくつも投げあげる芸で，現在でも寄席で見られる曲芸です。

　能といえば猿楽を思い出しますが，田楽も能を行っていました。能とは歌舞劇のことをいいます。猿楽の能とどちらが先かは不明です。少なくとも，観世が出現するまでは，田楽の能の方が優位だったらしく，世阿弥の著書にも，田楽の能の名手があげられています。田楽は，南北朝の頃から猿楽におされて衰微しました。現在では，民間の豊穣を祈る神事芸能として，わずかな命脈を残しています。

あたま惣田楽

国立劇場第133回民俗芸能公演『春むかえ　田峯と西浦の田楽』解説書（平成31年１月より）　円形になって移動しつつ楽器を奏でるという田楽踊りの特徴が今も残っている。

第Ⅲ部 近世

賢問愚問

南蛮船とはどのような船か

　近世の初めまでに日本へ来航したヨーロッパ系の船は，南蛮船，あるいは黒船とよばれていました。中世には，東南アジア地域の呼称として南蛮が用いられ，ヨーロッパ人の渡来後はポルトガル・スペイン・イタリアを指すようになりました。南蛮船は，その船体がコールタールピッチで塗られていたため，「黒船」とよばれました。黒船の船型は，日本来航の初期から来航が禁止される1630年代末までの約90年の間に，初期がカラック，中期がガレオン，末期がガレウタと推移しました。

　初期の「黒船」カラックは，500～1000トン級の大型帆船で，2000トンに達するものもあり，ヨーロッパで最大級の船です。3本の帆柱（檣）をもち，前檣と主檣にそれぞれ2枚の横帆，後檣に三角帆を張り，船首にやり出し帆を備えます。全長に比べて横幅が広く，ずんぐりしており，2・3層の甲板をもち，船尾の形は丸いものでした。巨大な船首楼と船尾楼をもつのが特徴で，いわゆる南蛮屏風の南蛮船がこの型と断定できます。

　中期の「黒船」ガレオンは，16世紀後半から登場します。船型は帆走の速度を上げるために細長くなり，船尾の形は喫水線より上は平形です。船首楼は小型化し，船首の斜檣の下の船首倉が長く突き出されています。この船首倉をガレオンといい，船名はここからきています。ガレオンは，商船・軍用に広く使われ，17世紀の大型帆船の主力です。狩野内膳筆の南蛮屏風（神戸市立博物館蔵）に描かれている南蛮船です。1596（慶長元）年に土佐へ漂着したスペイン船サン・フェリペ号，1600（慶長5）年に豊後へ漂着したオランダ船リーフデ号もこの型でした。

　ガレウタは，船足の速い，沿岸航海用の「ガレオタ」タイプの船です。大体1枚甲板の小型船で，無風の時にも航行できるように，予備のオー

ルと漕ぎ手を載せていました。ガレオン船のような大型船は船足が遅く，動きが鈍いため，この時期にこの海域の制海権を握ったオランダ船にしばしば拿捕されたからです。オランダ船は，日本貿易へくい込むため，ポルトガル船に対する掠奪行為で，日本向けの中国産生糸を入手していたのです。1618（元和4）年以降，マカオ—長崎間に就航するポルトガル船は，「ガレオタ」のみとなり，ガレウタの呼称はポルトガル船全体を指すようになったのです。

初期のカラック

中期のガレオン

② 朱印船貿易とはどのような貿易か

朱印船とは，江戸幕府の朱印が押された渡航許可証を受けて，海外貿易に出かけた船のことです。朱印船は，1隻に200～300人が乗り組みました。1604（慶長9）年から日本が完全な「鎖国」となった1635（寛永12）年（この年に日本からの出国，日本への帰国はともに死刑）までに，約350隻以上が東南アジアの諸地域へ渡航しました。そして，10万人以上の日本人が海外に出たことになります。

朱印船は図1に見るように，船体は和船，帆は中国のジャンクと南蛮船の折衷形でした。とくに，舳先の帆はヨットのように横風を受けても前進できるように設置されており，洋式帆船のよい所を取り入れた最新の船だったのです。そのため，航海士には中国人やヨーロッパ人，日本人など，各国から経験を積んだ多様な人びとが乗り組みました。船主となったのは，西国の大名や豪商のほか，リーフデ号で日本へきて幕臣となったウィリアム＝アダムス，ヤン＝ヨーステンなどのヨーロッパ人，中国人など約100名に近い人びとでした（表1）。

このような朱印船の渡航地はどこだったのか，その数はどれくらいだったのか，見ていきましょう（表2）。1604～16（慶長9～元和2）年（1616年には外国船の来航が平戸・長崎に制限された）までの朱印船は，東南アジア各地へ向っていきましたが，1617～35（元和3～寛永12）年の後半期は渡航地が限定されるようになりました。とくに，高砂（台湾）や交趾（ベト

図1　朱印船の図

ナム中・南部）がとび抜け
ています。貿易地として，
有利で好都合な地が厳選さ
れたのです。

　次に，貿易品の特徴も見
てみましょう（表3）。輸
入品は，大きく分けると中
国産，南海産，ヨーロッパ
産にわかれます。最も輸入
量が多いのは，中国産の生
糸(いと)や絹織物です。南蛮貿易
は，ポルトガル船が中国と
日本を往復して，生糸・絹
織物を日本へもたらすとい
う東アジアの地域内貿易で
した。朱印船貿易も基本的
には日本と中国との貿
易であり，中国の海禁(かいきん)
政策で中国へ直接いけ
ない日本船が，東南ア
ジア各地で中国船と貿
易する出会(であい)貿易です。
　南海産の鮫皮(さめがわ)だけは

表1　朱印船の船主

船主 （大名）	8名	島津，有馬，松浦，細川　　など
商人	50名	（京都）角倉了以，茶屋四郎次郎 （平野）末吉孫左衛門 （長崎）荒木宗太郎 （堺）納屋助左衛門 （松阪）角屋七郎兵衛　　　　　など
ヨーロッパ人	2名	ウィリアム＝アダムス ヤン＝ヨーステン
その他，中国人6名		

表2　朱印船の渡航地と隻数

	高砂	マカオ	安南	東京	交趾	ジカンボ	シャム	ルソン	その他	合計
1604 〜 1616	1	18	14	11	32	24	35	34	26	小計 194隻
1617 〜 1635	35	0	0	26	39	20	20	20	1	小計 161隻
1604 〜 1635	36	18	14	37	71	44	55	54	27	総計 355隻

『朱印船と日本町』（至文堂，岩生成一著）より

表3　朱印船の貿易品

輸入品	中国産	生糸，絹織物
	南海産	砂糖，薬，鮫皮
	ヨーロッパ産	雑貨（時計，ガラス），毛織物
輸出品	主に中国向け	銀，銅，鉄，硫黄 漆器，刀剣，屏風，扇子

説明しておきましょう。これは日本刀の防水カバーです。日本刀は水に
弱く，雨が浸み込むと錆(さ)びます。桜田門外の変の時，井伊直弼(いいなおすけ)を守衛し
ていた彦根藩士(ひこね)は雪のため，この防水カバーを着けていてすぐに刀が抜
けなかったのです。鮫皮は，鮫のまだら紋様のない純白のものが好まれ，
武士のおしゃれで，時には1枚で何十両するものがあったため，利益の
出る貿易品だったのです。

③ 後水尾天皇の譲位をめぐって朝幕関係はどうなったのか

　1629（寛永6）年11月8日，後水尾天皇は突然に譲位しました。禁中より参内を命じられた公家たちは，午前8時頃，束帯に身を整えて参内したものの，なにゆえの参内か知る者はなかったといいます。摂家の近衛信尋も，後水尾天皇の突然の譲位を知りませんでした。時の武家伝奏の1人で，後水尾天皇の側近中院通村だけが，相談にあずかっていました。

　この突然の譲位より半年前，1629年5月7日，実はすでに1度，後水尾天皇は譲位の決意を固め，そのことを幕府に願い出ていました。いわゆる紫衣事件で，沢庵らが流罪に処せられたのが7月25日なので，それに先立つ2カ月以上前に，天皇は譲位を望み，摂関家を含めて手順を踏み，武家伝奏2人が江戸へ譲位の旨を伝えたのです。

　譲位の理由は2つで，1つは天皇の背中に腫物ができたからです。天皇在位中の玉体（天皇の身体）には，灸などの治療で傷をつけることはできませんでした。もう1つは，譲位後，次の天皇を，中宮和子（徳川秀忠の女）の生んだ一宮興子内親王（秀忠の孫，当時6歳）にすることでした。

　かつて，正親町天皇と後陽成天皇の2代の天皇は，自らの思い通りの譲位は叶わず，その時期でさえ豊臣秀吉と徳川家康2代の権力者の意図にしたがわざるを得なかったのです。後水尾天皇は，11月8日の正規の手続きを経ない突然の譲位を行い，それを幕府に追認させようとしたのです。

　幕府の返答がなく天皇と中院通村が不安にかられ，不快な気分となるなかで，12月27日になってやっと江戸城の徳川秀忠・家光から譲位承認の返答が届けられました。こうして，奈良時代の称徳天皇以来，860年

ぶりの女性天皇の明正天皇が誕生しました。

　奈良時代初めの元明・元正天皇の1字ずつを合わせて明正と謚された近世の最初の女性天皇は，古代の女性天皇とは性格が異なります。奈良時代までの女性天皇は，まさに律令国家の施政者であったのに対し，近世の女性天皇は，江戸幕府という執行権力の下で統制を受け，権威のみを備えた存在だということです。

　後水尾天皇の突然の譲位は，天皇の首のすげ替えまで幕府の意のままにはならない，という突破口になりました。天皇側の試みは不安をともないながらも，成功したといえます。天皇の成功は，つまり幕府の失敗です。幕府側にとって問題とすべきは，譲位を事前に押えることができなかったことです。京都所司代と武家伝奏とが機能しなかったところに，その原因が求められました。

　明正天皇の即位式が行われた1630（寛永7）年9月，江戸より赴いた酒井雅楽頭忠世・土井大炊頭利勝の両年寄（のちの老中），京都所司代板倉周防守重宗・本光国師（金地院崇伝）の4人は，京都で幕府による朝廷統制の仕組みを，この機会に改めて強化しました。中院通村に武家伝奏罷免を命じ，新たに武家とよく通じた日野資勝を武家伝奏に任じるよう要求し，天皇と後水尾上皇に交代を認めさせました。後水尾天皇に譲位を相談され，しかも武家伝奏でありながらその役割をはたせなかった中院通村は，武家伝奏を罷免のうえ，父子で江戸の寛永寺に半年間も幽閉されました。

中宮和子

4 島原の乱の実態はどのようなものか

　江戸時代初期に起きた島原の乱は，肥前国島原半島の領民と肥後国天草地方の領民による大農民一揆です。島原は松倉氏，天草は肥前国唐津藩主寺沢氏の領地でした。島原の乱（1637～38年）の性格については，①キリシタン弾圧に抗する宗門一揆説，②領主（大名）の苛政に対する農民一揆説，③両者を融合した説があります。しかし，農民一揆説でも，帰農した土着武士による土豪一揆の性格が強いとされています。島原は，キリシタン大名有馬晴信の旧領で，島原半島の有家や加津佐にはイエズス会士養成の高等教育機関コレジオがおかれたこともあり，日本のキリシタンの中心地でもありました。また，天草島もキリシタン大名小西行長の旧領で，キリスト教の影響が濃い土地だったのです。

　島原藩は，有馬氏の時代，4万石とされていましたが，内検（大名自身による検地）で70％を打ち出し（石高を増加させる），その後，有馬氏にかわり入部した松倉重政は内検でまた64％を打ち出し，計10万石の草高（表向きの石高ではなく，領地の米穀生産高）で領民に厳しい課税をしたのです。松倉重政の子松倉勝家も，同じように年貢の取立を強行しました。同じ頃，天草でも寺沢堅高が厳しい年貢の取立を行っていました。

　1637（寛永14）年10月25日頃，島原半島南部の農民が，代官を殺害していっせいに蜂起しました。天草でも，益田時貞（通称天草四郎）の出身地である肥後国大矢野島を中心に蜂起しました。天草の農民は島原勢の応援を受けて，天草全域を席捲しながら藩権力の支配拠点である富岡城を攻撃しましたが，落すことはできませんでした。益田時貞は，関ヶ原の戦いののち，肥後国大矢野島へ帰農していた小西行長の遺臣益田甚兵衛の子です。姉婿の渡辺小左衛門らに，「でいうすの再誕」といわれ

ます。なにか，特殊な力を感じさせたのでしょう。一揆の象徴的な存在
として指導者となり，天草の富岡城を攻撃し，のち島原・天草の一揆勢
を統合して，有馬氏の旧城である原城（はらじょう）に籠城（ろうじょう）しました。

　原城を中心とした村々は，一揆に全員が参加し，中間の村々の農民も
一部が参加しています。北西部や北部の村々は，領主側につきました。
百姓一揆は，村落共同体の強制力によって，全員の参加が基本です。全
員参加した村々は百姓一揆です。一部の農民が参加した村々は，信仰か
ら自発的に参加したキリシタンでしょう。領主側についた村は，村の指
導者や土豪が和戦（わせん）の指導権を握り，最終的に領主側につきました。島原
の乱の複雑な性格がわかります。

　幕府は九州の諸大名に動員をかけて，板倉重昌を送ります。重昌は，
京都所司代板倉重宗（しげむね）の弟です。しかし，大藩の多い九州の諸大名に威令（いれい）
がおよばず，新たに家光側近の老中松平信綱（のぶつな）が送られますが，着陣する
前に，1638（寛永15）年元日に板倉重昌は総攻撃をしかけて戦死します。
着陣した松平信綱は，持久戦で一揆方を封じ込めると，2月18日に一揆
勢は全滅しました。

島原の乱

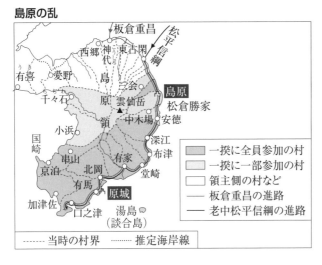

5 隠れキリシタンはキリスト教徒か

　日本におけるキリスト教（当時はキリシタンとよばれた）の歴史的展開を考えてみましょう。それは1549（天文18）年，ザビエルのキリシタン伝来から始まりました。

　キリシタン伝来から1644（正保元）年までの約100年間を，「キリシタン時代（キリシタンの世紀）」と呼んでいます。キリシタン時代の前半は，多数のキリシタン大名の出現によって，領内の一般民衆を集団的に改宗させ，急速に受洗者数が増加した時期です。1613（慶長18）年に江戸幕府によって全国にキリシタン禁教令が発布され，徹底したキリシタン弾圧が開始されました。その後の30年間は，迫害と殉教が最も厳しい時代でした。

　1644年，日本に最後まで生き残っていたイエズス会宣教師の小西マンショが殉教し，信徒だけが残された「潜伏時代」に入っていきます。「復活時代」は，1865（慶応元）年に大浦天主堂内でプチジャン神父と長崎・浦上村の潜伏キリシタン信徒が再会した時と，1868（明治元）年に明治新政府が発した五榜の掲示の1つであるキリシタン禁教の高札が，1873（明治6）年に撤去された時の2説があります。1873年までキリシタンの弾圧が続けられたことを考えれば，「復活」は後者であると考えられます。

　今日，多くの人が「隠れキリシタンたちは表向き仏教徒を装いながら心のなかで秘かにキリシタンの信仰を守り通した」と理解しています。しかし，キリシタン伝来の初期ですら，大多数の信徒はキリシタン大名によって強制的に集団改宗されたのです。私たちは，現代的なキリスト教信仰から改宗者が敬虔なクリスチャンになったと思い込みがちですが，父と子と聖霊の三位一体の教義をほんとうに理解していたかは疑問です。

従来の伝統的な日本の神仏信仰の上に，南蛮譲りのさらに御利益がある神が１つ加えられたに過ぎないのです。まして長い潜伏時代，指導者たる宣教師は１人もいなかったので，高度な教義は誰も理解していませんでした。

　それでは何を守ってきたのでしょうか。何かといえば，決してキリスト教の信仰ではなく，先祖が大切に祀ってきたものを，先祖崇拝を含めて絶やすことなく守り続けることが，子孫の務めと考えられていたのです。オラショ（祈り）や洗礼・クリスマス・復活祭などに比定される行事やマリア観音など，一見するとキリシタン的要素が残っているかに思われますが，信仰の中味や行事の意味はまったく伝わっていないのです。それでも，先祖が大切に守ってきたものを絶やすことなく受け継ぐこと，これが信仰の根幹です。それは，典型的な日本の民俗宗教の特色なのです。天草の崎津のカトリック教会の信者は，本来カトリック教義では考えられない先祖崇拝であるお盆の行事を行っています。

　現在，「隠れ」の代わりに「潜伏キリシタン」と「カクレキリシタン」という呼称になりつつあります。何故かといえば，かれらは「隠れてもいなければ，キリスト教徒でもない」からです。

日本キリスト教略史

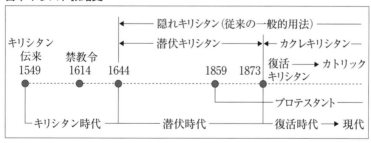

6 近世大名の尊称はどのように決められたのか

　江戸時代の大名（だいみょう）と一部の旗本（はたもと），それに大藩の重臣の一部は，律令に規定された官職名を名乗っていました。「浅野内匠頭（たくみのかみ）」や「大岡越前守（えちぜんのかみ）」などです。例えば「丹波守（たんばのかみ）」のように，律令国家の地方長官であった国司（こくし）名を称する場合が多かったのです。しかし，江戸時代には律令制の国司の称号はあっても，実質はまったくともなわなかったことはいうまでもありません。したがって，大名の所領が存在する国と，その大名の国司名が一致しない場合が多かったのです。ごく一部の石高（こくだか）の大きな国持大名（くにもち）が，領知（りょうち）している国と国司名が一致するのみです（例えば，安芸広島藩浅野氏と安芸守（あきのかみ），陸奥仙台藩伊達氏と陸奥守（むつのかみ））。では，大名などの国司名は，どのように決定したのでしょうか。

　官位は本来，天皇によって叙任（じょにん）されるため，武家の時代でも形式上は幕府より天皇に奏上（そうじょう）して叙任が行われました。しかし，戦国時代には武士が勝手に官名を名乗ったり，戦国大名が家臣に官名を名乗ることを許可して，かなり多くの武士が官名（所領の所在地とは無関係のものが多い）を称するようになりました。これを，天皇に奏上してから官名を名乗らせるようにしたのが豊臣秀吉です。

　江戸時代になると，官位の授与や奏上を幕府の権限として朝廷に認めさせることになりました。徳川家康は1606（慶長（けいちょう）11）年4月28日に参内した時，武家の叙任は幕府の推挙によらなければならない旨を奏請し，幕府が武家官位の執奏権（しっそうけん）を掌握したのです。

　ついで，1611（慶長16）年，家康は武家官位を員外（いんがい）（定員の枠外）とすることを許されました。これによって定員のある朝廷の官職でも，さらに同じ官職に何人でも複数で任命することも可能になったのです。この武家の官位を定員の枠外にするというアイデアは，公家側の前関白（さきのかんぱく）

二条昭実の入知恵といわれています。そして，1615（元和元）年7月の「禁中並公家諸法度」の第7条に，「武家の官位は，公家当官の外為るべき事」と規定されました。武家の官位は，公家の官位を使うが，別のものである，ということを成文化したのです。

　武家官位の執奏権を獲得した江戸幕府は，武家の叙任を思うがままにできるようになりました。武家に官位という名誉を与えることで，上下関係を明確にして秩序づけ，これを家格として武家統制の一手段としました。

　叙任に際しては，初めは，まず天皇に奏上した上で，幕府が叙任していましたが，5代将軍綱吉の代からは幕府で叙任したのち，天皇へ奏上するようになりました。朝廷は，叙任文書を作成して武家に交付しますが，武家側は決められた額の謝礼を贈ることが制度化されていました。

　ところで，1664（寛文4）年の時，従五位下に叙せられ，官名を名乗っていた武家（大名，旗本，大名の家臣）のうち，国司名を使用した者は348名で，18名が信濃守です。「信濃守」が好まれたことがわかります。以下，「若狭守」が13名，「山城守」と「越中守」が11名，「美作守」・「土佐守」・「飛騨守」が各10名です。武家の官名は，自ら選んで申請し，同姓同官にならないことを，幕府で確認の上，許可が与えられました。

大名の序列

⑦ 切捨御免の実態はどのようなものか

　時代劇や時代小説などでよく描かれる「切捨御免」は，無礼のあった庶民をその場で手討ちにして武士が立ち去り，遺族が悲嘆にくれるというイメージで語られることが多いようです。武士による支配を実感できない我々現代人には，理不尽さだけが感じられ，「切捨御免」は理解し難い行為です。「切捨御免」という言葉は，江戸時代にはなく，「手討」「打捨」と表現されています。「無礼」を理由に，武士が農・工・商の者を手討ちにする行為が「無礼討ち」なのです。

　「無礼」とは，①武士の身体にあたったり，その刀や傘などにあたる行為，②大名行列を横切る供先割をしたり，武士より高い場所に座るなど，武士に対する敬意を空間的に表現しない行為があり，その上で，それを咎めた武士に謝罪しないで悪口雑言を吐き，時には刀・脇指・棒で反撃した時，これらの行為や言動を「無礼」ととらえています。

　「無礼討ち」には，武士に対する名誉侵害の回復と，その生命を脅かす攻撃から身を守る正当防衛という2つの要素が含まれていたのです。武士へ「無礼」を行った者の日頃の行跡を調べると，近所へ日常的に迷惑をかけたり，反社会的行為が多い「悪徒」と表現される人物で，当時の一般的庶民像から逸脱している者が多いのです。

　武士には「無礼討ち」を行う権利がありましたが，それはまた同時に果たさねばならぬ義務でもありました。1744（延享元）年，ある岡山藩士が木地屋の下人から「無礼」を受けたが，これを許してしまったのです。ところが，「無礼」を許すのは「手ぬるき仕形」と親類から批判されたため，武士はその下人を手討ちにしました。しかし，「無礼」が起きたその場で討たなかったため，「武士の一分」が立たず，その武士は出奔し，行方をくらましたのです。

他の身分の者から「無礼」を受けた以上，それを武士本人の意志では許すことができず，手討ちを忌避することは認められなかったのです。

1730（享保15）年の岡山藩では，「無礼討ち」に及んだものの，反撃にあって失敗して逃げられてしまった武士と，その現場にいて助太刀しなかった2人の武士は出奔し，3人の武士の「家」は藩により断絶を申し渡されました。城から半径数kmの城下町で代々暮らす武士にとって，武士社会からの批判は無視することができないものでありました。藩は手討ちに失敗した武士のみならず，助太刀をしなかった武士も改易にしたのです。

当時の武士は，武士と認知されるような髪形や衣服，大小の2本差しといった姿を強要されたのです。近世社会において，表現すべき礼秩序を逸脱した行為や言動に対しては，「無礼討ち」を実行し，名誉の侵害や自己への攻撃に対処しなければならなかったのです。武士は，武士としての覚悟をもって，「無礼」に対処しなければならなかったのです。

旗本の服装（上は継上下，下は長上下）

肩衣
服不定
脇差
袴

小サ刀
熨斗目

⑧ 「宮家」とは何か

　新井白石の業績として紹介されるものの1つに，閑院宮家の創設があります。1708（宝永6）年に6代将軍徳川家宣に対し，皇統の備えとして新しい宮家の創設を献言し，翌1709（宝永7）年には東山天皇の第6皇子直仁親王（秀宮，中御門天皇の弟）に，江戸幕府が所領1000石を献じ，1718（享保3）年，宮号が閑院宮と定まりました。これにより，室町時代に創設された伏見宮以後，江戸時代中期までに創設された桂宮・有栖川宮・閑院宮の4つの宮家となったのです。

　古代の律令制度においては，天皇の兄弟・姉妹や子女のみが親王・内親王とされていました。平安時代に入ると親王宣下の制が生まれ，天皇の子女であっても親王宣下がなければ親王・内親王としての待遇が受けられません。一方で，たとえば天皇の孫であっても天皇の猶子（名目上の親子関係を結ぶこと）として親王宣下されることで，親王・内親王となる道が拓かれました。

　特定の皇族を，関連する地名などにちなんで「〜宮」と称することは奈良時代からありましたが，鎌倉時代になると，邸宅や所領の伝領とともに家号としての宮号が生まれました。さらに，天皇の直系から離れた傍系の皇族が，代々親王宣下により宮号を世襲していく世襲親王家も誕生しました。

　世襲親王家の成立には，その祖が皇位継承の有力候補者であったことに加え，有力な所領をもち，家臣団を形成することが必要でした。明確に確認できる宮家の初例は，鎌倉後期の亀山法皇の皇子恒明親王に始まる常磐井（常盤井）宮です。亀山法皇から多くの所領を伝領したことで，16世紀中頃まで250年間続きました。

　伏見宮は，北朝第3代崇光天皇の第1皇子栄仁親王に始まります。や

がて，栄仁親王の子貞成親王は洛南伏見に住み，伏見宮と号しました。伏見宮家は，1947（昭和22）年の皇籍離脱まで続きます。

　桂宮は後陽成天皇の弟智仁親王に始まります。智仁親王の称号は八条宮とされましたが，継嗣が断絶し，桂宮と改められました。下桂村に宮家の別荘（桂離宮）があったことにちなんだものなのでしょうか。

　有栖川宮は1625（寛永2）年，後陽成天皇皇子好仁親王が，後水尾天皇より高松宮の号を賜わり，一家を創設したことから始まります。高松宮の名称は，後陽成天皇の生母の御所旧跡・高松殿を居所としたことによると考えられますが，継嗣がなく，後西上皇皇子幸仁親王が高松宮を相続することとなった時に，後水尾上皇の意志で有栖川宮と改称しました。この名称は，宮家の菩提所紫野大徳寺内龍光院の近くを流れる川名にちなむものと推測されています。

　幕末に至り，皇族の出家剃髪の慣行は停止され，明治初期にかけて，伏見宮家出身の多くの男性皇族が分立し，宮号を賜りました。これらは4親王家とは異なり，当初は一代限りでしたが，世襲を認められ，さらに明治期の皇室典範で永世皇族主義がとられました。1947年の皇室制度改革で，宮家は昭和天皇弟の秩父宮・高松宮・三笠宮のみとなりました。それ以降，常陸宮・高円宮・桂宮・秋篠宮の宮号が成立しました。

宮家一覧表

```
┌─────────────────────────────────────────────────┐
│ ┌───────────────┐                               │
│ │ 南北朝時代成立 │                               │
│ └───────────────┘                               │
│   伏見宮家（1456-1947 皇籍離脱）＊世襲親王家      │
│                                                 │
│ ┌───────────────────┐                           │
│ │ 安土桃山時代成立 │                             │
│ └───────────────────┘                           │
│   桂宮家（八条宮→常磐井宮→京極宮→桂宮）（1589-1881）＊世襲親王家 │
│                                                 │
│ ┌───────────────┐                               │
│ │ 江戸時代成立 │                                 │
│ └───────────────┘                               │
│   有栖川宮家（高松宮→花町宮→有栖川宮）（1625-1923）＊世襲親王家 │
│   閑院宮家（1718-1947 皇籍離脱）＊世襲親王家      │
└─────────────────────────────────────────────────┘
```

幕藩体制下で寺院はどのような役割を果たしたのか

　明治初期の廃仏毀釈は，寺院や仏像を破壊し，僧侶を排斥する思想や行動を指します。江戸時代中期から明治初期にかけて，日本の各地で盛んに行われ，とくに明治維新後に激烈に行われました。そうした考えや行動は，なぜ起こったのでしょうか。江戸時代の民衆側から考えてみたいと思います。

　江戸時代，キリシタンが禁教となり，民衆はどこかの寺院に属さなければならない寺請制度が実施されました。すべての民衆は寺院の檀家にならなくてはなりませんでした。そして宗門人別帳で管理され，寺院僧侶の権限は，檀家に比べてきわめて強大なものになりました。寺の住職が「宗判権」，すなわち人びとがキリシタンであるかないかを判定する権限を全面的に握ったからです。寺の住職の判断で，いわば身分差別が行われ，人身支配が行われたということです。村々にあった寺の住職が果たした役割は，まさに幕藩領主の下級役人そのものだったのです。僧侶が民衆支配の最前線に立ったところに，近世の檀家制度の本質があるのです。

　檀家制度の確立は，寺院の経営基盤が確立したことを意味します。寺院は大伽藍を築き上げる一方，僧侶たちは信仰による布教の意欲をなくしました。檀家は，代々特定の寺と寺壇関係を結ばねばなりません。「離壇の禁止」という幕府法があって，檀那寺から離脱し，他の寺院へ移ることはできません。それ故に，寺院は檀家に対して，寺院の日常的経費の負担はもとより，葬式・仏事から墓石建立に至るまで，さまざまな要求を檀家に押しつけました。さらに，寺院は祠堂銭（寺の建築や修理の積立金）を運用して，高利貸をやることもありました。お金を返済できない農民から貸付金の抵当にとった田畑を，また小作に出す，とい

った地主経営も行っていたのです。

　寺院の僧侶は，僧階を上昇させるために，本山へ上納金を出す必要もありました。これも檀家の負担です。このほか，臨時の費用としては，50年ごとに行う各派宗祖の遠忌の費用，それにともなう本山の新築・改築の費用，また本山焼失の場合は再建費を出しました。檀那寺の経営が安定すると，さらにそれを拡大する方法が次々に打ち出され，檀家の出費は増えました。

　幕藩体制に順応した寺院の住職は，厳しい研鑽を受けることもなく，また教学・修行もおろそかになっていきました。僧侶株の売買も行われました。

　こうしたなかで，各宗派では宗祖の教えをわかりやすく説いた教義書をつくったり，儀式の次第を書いた切紙などを作成して，末寺の僧侶に利用させました。しかし，それでも，宗祖の教えや説教ができない僧侶が続出します。そのため，各宗本山では，各末寺へ，説教坊主とか，師家とか称する教学の専門家を派遣しなければなりませんでした。

　このように，近世の檀家制度はさまざまな問題を抱えていたのです。横暴ともいえる寺院の檀家からの収奪に対して，民衆は潜在的に檀那寺の僧侶に対する批判や不満を溜め込んでいたのです。

宗門人別帳

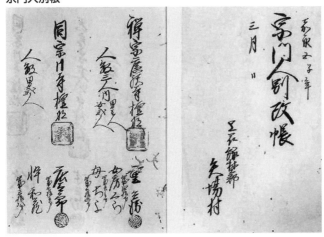

10 殉死はなぜ禁止されたのか

　殉死とは，臣下や仕えていた者が，主人の死後，その跡を追い，切腹などによって自らの命を絶つ行為です。古代にはすでにその例が見られ，中世の武士の世界では，合戦で戦死した主人の跡に追腹を切る行為として現れました。

　近世の殉死は，1607（慶長12）年，徳川家康の4男松平忠吉（尾張清洲城主）の死後，近臣3人が跡を追ったことが早い例です。1635（寛永12）年には，仙台の伊達政宗が70歳の波乱の生涯を閉じました。その時，政宗に殉死した者が15人あり，その殉死した15人のために，さらに5人の者が殉死しました。

　1641（寛永18）年には，細川忠利が熊本の地で没しました。これに殉死した武士が19人いましたが，そのなかに阿部弥一右衛門も含まれます。のちに，森鷗外の小説『阿部一族』の主人公になる人物です。鷗外は，大名＝主人の死と家臣の殉死，それを取り巻く近臣に，殉死を迫る熊本の空気を巧みに表現しています。

　殉死は情死に近いのです。情死は恋する相手の跡を追う，あるいは手を携えてともに死ぬことです。殉死は男女ではありませんが，主従が情を通わせ，主人の死後にすぐさま追腹を切ります。上記の3人の大名は，いずれも戦乱の世を生き抜いた者たちです。殉死した者たちも，主人その人に情を通わせ，心から仕えていた者だったのでしょう。

　1663（寛文3）年5月，23歳となった4代将軍徳川家綱は，将軍となってから12年目にして，代始めの「武家諸法度」を発布しました。その際，追加の形で一カ条の別紙が出されました。これがいわゆる「殉死の禁止」とよばれるものです。それ以前は，殉死を美徳と見なしていたのを，180度転換して「不義無益の事」と否定したのです。

徳川家綱政権が1663年に殉死の禁止を命じたことは，勇断ともよべる強い政策意図を感じさせます。なぜなら，父である３代将軍家光が1651（慶安４）年４月に，江戸城本丸で生涯を終えたその夜，堀田正盛（佐倉城主），阿部重次（岩槻城主），内田正信（側衆）が殉死し，翌日以降も殉死が続きました。12年前の父の死とその跡を追う殉死の行為を，あえて「不義無益」と断じるには，よほどの勇気が必要だったでしょう。「不義」とは義（道理）に背く悪逆行為の意味です。父である将軍の死後の殉死を不義といい，「無益」（無駄）といい放ったのです。

　殉死の禁止を命じた家綱政権の政策意図は，主人の死後は殉死することなく，跡継ぎの息子（新しい主人）に奉公することを義務づけるところにありました。武士の奉公のあり方は，戦国時代のように主人個人に心から仕えて奉公する，個人対個人の主従関係ではなく，主人の家（主家）に奉公するよう命じたのです。

　この結果，主人の家は代々主人であり続け，従者は主人を替えることなく，代々主家に奉公し続けるのです。こうして，戦国期から近世初期までに見られた下剋上の可能性はまったくなくなり，幕藩体制は安定したのです。

殉死者数

主君　　　（生没年）	藩名	殉死者数	主君　　　（生没年）	藩名	殉死者数
松平忠吉（1580〜1607）	尾張	3	伊達政宗（1567〜1636）	仙台	15
結城秀康（1574〜1607）	福井	2	松浦隆信（1602〜1637）	平戸	6
島津義久（1533〜1611）	薩摩	15	島津家久（1576〜1638）	薩摩	9
加藤清正（1562〜1611）	熊本	1	細川忠利（1586〜1641）	熊本	19
最上義光（1546〜1614）	山形	4	木下延俊（1577〜1642）	日出	4
松浦鎮信（1549〜1614）	平戸	3	松平忠昌（1597〜1645）	福井	7
金森可重（1558〜1615）	高山	2	細川忠興（1563〜1645）	八代	5
鍋島直茂（1538〜1618）	佐賀	12	金森重頼（1594〜1650）	高山	4
島津義弘（1535〜1619）	薩摩	9	毛利秀就（1595〜1651）	長州	7
蜂須賀至鎮（1586〜1620）	徳島	1	徳川家光（1604〜1651）	将軍	5
黒田長政（1568〜1623）	福岡	1	鍋島勝茂（1580〜1657）	佐賀	26
毛利輝元（1553〜1625）	長州	1	前田利常（1593〜1658）	金沢	3
徳川秀忠（1579〜1632）	将軍	1	奥平忠昌（1608〜1668）	宇都宮	1

服忌令はなぜ制定されたのか

　現代でも，学校・会社などには，忌引の日数が定められています。それはいつ始まったのでしょうか。また，日本史の教科書では，服忌令は5代将軍徳川綱吉による文治政治の進展の文脈で語られていますが，文治政治とどうかかわるのでしょうか。服忌令の内容とその歴史的意義について考えてみたいと思います。

　「服忌」とは，親族や縁者の死にあたって，喪に服するため，一定の期間を，自宅にこもり，謹慎することをいいます。「服」は喪服を着用すること，すなわち喪に服すること，「忌」とは死の穢れを忌むことです。しかし，「忌」はもともと「紀」で，喪服を着用するべき期間だといわれています。

　こうした服紀の制度は，古代中国の儒教の古典に見られ，日本では律令制の規定に取り入れられました。令制では，喪葬令に服紀（喪服を着けるべき期間），仮寧令に「仮」（喪服を着ける者に与えられる休暇）が定められましたが，対象となる親族の範囲や区分は，日本古来の親族配列によっています。のち，中世の神道家が，死穢を忌む期間としての忌に転化させ，いわゆる服忌令と称するものをつくり上げたのです。

　江戸時代の服忌令の制定とその適用範囲はどのようなものでしょうか。江戸幕府の最初の服忌令は，1684（貞享元）年のものです。5代綱吉の命により，林鳳岡・木下順庵らの儒者や神道家の吉川惟足らが制定に参画しました。本文27カ条と産褥・死穢などの触穢に関する「穢之事」5カ条からなるものでした。改正を経て最終的に条文が確定したのが，1736（元文元）年，8代吉宗の時でした。

　服忌令の適用範囲は，基本的に武士と庶民でした。皇室や公家には令制の系統を継いだ服忌制度があったからです。しかし，服忌日数を見て

もわかるように，日常の生活に追われる庶民には，父母の死で「忌50日，服13月」などできるわけがありません。庶民に対しては，親類の範囲を明確にさせ，喪の礼儀や親族間の秩序を尊重させることに力点がおかれたのでしょう。

元文元年の服忌令による服忌日数

服喪期間	忌期間	親族の範囲
13ヵ月	50日	父母，離別の母，養父母(遺跡相続，分地配当があった場合)，祖父母(嫡孫が承祖した場合)
13ヵ月	30日	夫
150日	30日	養父母(遺跡相続がない場合)，夫の父母，父方の祖父母
90日	20日	妻，嫡子，養子(嫡子と定められた場合)，母方の祖父母，父方の曾祖父母，父方の伯叔父姑，兄弟姉妹，嫡孫(承祖した場合)
30日	10日	嫡母，継父母，末子，養子(遺跡相続しない場合)，異父兄弟姉妹，嫡孫(承祖しない場合)，母方の伯叔父姑，父方の高祖父母
7日	3日	末孫，息子方の曾孫・玄孫，従父兄弟姉妹，甥姪

　服忌令制定の歴史的意義を考えると，表でわかるように服忌令の特徴は養親子・継親子などを含む親族の範囲を定め，それらの間に服忌の日数の差を設けて，親族間の上下・尊卑の関係を明確にしたことが重要です。江戸幕府は，服忌令を通して親族秩序の明確化・維持をはかることで，武士を中心とする幕藩体制社会の身分秩序を安定させようとしたのです。儒教的支配をめざす文治政治は，服忌令によって上下の身分関係を一層明確にすることが必要だったのです。

足高制とはどのような制度か

　武士にとって主君への奉仕は，軍役も普請役もその他の勤役も，本来は知行・俸禄を給与されていることに対する義務として果たされています。役務に対する反対給付がないのが原則でした。幕府の役職に就任し幕臣も，職務給といったものを支給されることは，当初はありませんでした。

　幕府の役職就任者への役料支給は，4代将軍徳川家綱の時代に始まりました。勤務中に出費がかさんで，困窮する旗本が増えたため，これを救済するという理由でした。まず，1665（寛文5）年に大番頭・書院番頭・小姓組番頭など，主に番方（軍事部門）の役職に対し，翌1666（寛文6）年には留守居・大目付・町奉行など，主に役方（行政部門）に対し役料が支給されました。この寛文期の役料制については，文治政治へ転換した家綱政権下の官僚制的政策として積極的に評価されています。

　足高制が制定・施行されたのは，1723（享保8）年6月18日です。当時，幕府の財政は旗本・御家人に支給する俸禄米にも不足するほど，

おもな役職の禄高基準

石高	役職
5,000石	側衆，留守居，大番頭
4,000	書院番頭，小姓組番頭
3,000	大目付，町奉行，勘定奉行，百人組頭，小普請支配
2,000	旗奉行，鎗奉行，西丸留守居，新番頭，作事奉行，普請奉行，小普請奉行
1,500	高家（肝煎は役料800俵），持弓・持筒頭，弓・鉄砲頭
1,000	留守居番，目付，使番，書院番組頭，小姓組組頭，徒頭，小十人頭
700	二丸留守居，納戸頭，船手，腰物奉行
600	新番組頭，大番組頭

深刻化していました。8代将軍吉宗は，前年の1722（享保7）年，新知・加増はおろか，通常の俸禄支給もままならない財政難のなかで，より合理的な旗本・御家人の俸禄のあり方を模索しました。

　考案された足高制は，役職就任者の禄高が役職に応じて定められた基準高に達しない時，その差額を在職中のみ加給するという制度です。まさに財政の膨張を抑えながら，人材登用をはかったものです。

　主要な役職の基準高を表に示しました。禄高1500石の者が基準高3000石の大目付に就任した場合，在職中1500石が加給されて3000石が給され，職から離れると足高分は召し上げられて，もとの1500石に戻ります。もちろん，3000石の者は本高で勤め，足高されません。

足高された人数

石高	大目付		町奉行		勘定奉行	
	足高以前	足高以後	足高以前	足高以後	足高以前	足高以後
500未満	0	13	0	6	1	22
1,000未満	4	12	0	6	2	8
1,000石台	11	15	15	7	18	19
2,000石台	12	6	3	2	6	3
3,000石台	3	3	2	1	6	2
4,000石台	5	0	1	0	1	1
5,000以上	4	1	2	0	4	0

（泉井朝子「足高制に関する一考察」による）

　足高制により，基準高をかなり下まわる者でも要職に登用することが容易になりました。例えば，大目付の場合，1723年まで見られなかった500石以下の者が，26％を占めています。1000石未満の者は10％に過ぎなかったのが，50％に及んでいます。反対に3000石以上の者は31％から8％へ減少しています。足高制以後，在任中に知行・俸禄を加給される例も少なくなりました。適任者を広く選んで役職につけることで，幕臣の官僚化が一段と進んだのです。

13 近世の伝馬役と助郷はどのような関係にあるのか

「伝馬」の語は，律令制にその起源をもっています。律令制における伝馬とは，都から各地の国府を結ぶ7本の幹線道路（七道）に，16kmごとに設けられた駅の駅馬に対し，各郡の郡家（郡の役所）に5疋を基準として備えられた馬，またはその制度をいいます。駅馬は都と国府を結ぶ中央の役人が使用したのに対して，伝馬は主に国府と郡家を結ぶその国内だけの公用通行に使用されました。

中世後期になると，北条・武田・今川・徳川氏など，主として東国の戦国大名が，領国内に伝馬制度を整備しました。これは，室町時代後期の守護が国内に課した伝馬負担を受け継いだものと考えられています。戦国大名領においても，無賃での奉仕が義務づけられた伝馬負担は，「公方伝馬」とよばれていたからです。「公方」とは将軍のことで，伝馬は公的な性格をもつと考えられていました。

近世宿駅が成立すると伝馬役が課されます。それはどのようなものでしょうか。徳川家康は，関ヶ原の戦いに勝利し，豊臣氏に代わる「公儀」の地位を手に入れると，1601（慶長6）年に早くも東海道の各宿駅に伝馬掟朱印状と伝馬定書を下し，さらに翌年には，同様の伝馬掟朱印状を中山道の各宿駅に下しました。この伝馬掟朱印状では，家康の朱印なくしては無賃の伝馬使用はできないと定めました。ここに「公儀」の伝馬は無賃，私領主（大名など）の使用する伝馬は駄賃支払，という区分が明確化します。政治的・経済的に依然として中心的地位を保つ上方から遠く離れた江戸を拠点とする徳川氏にとって，上方と江戸を結ぶ東海道・中山道の掌握は焦眉の課題だったのです。公儀の伝馬役は，大名領主の伝馬役に優越するものでした。

では，伝馬役の負担の方法はどのようなものだったのでしょうか。伝

馬役は，本来，軒別役として宿内の屋敷所持者に対して課され，同時に
この数に対応した形で，屋敷地の地子免除が認められました。東海道で
は，1601年に各宿36疋という伝馬数が定められ，この数に対応した形で
屋敷地の地子免除が認められました。

　しかし，公用交通の増大によって，宿駅が負担すべき人馬数も増加し
ました。例えば，東海道各宿では当初36疋・36人が，1638（寛永15）年
には100疋・100人となり，これに見合う人馬の常置が求められるよう
になりますが，それ以上の人馬を要求されることもありました。

　その求めに応じて，助郷が成立することになります。宿駅の人馬では
必要数を満たせない場合，周辺の村々の人馬が動員されることになりま
す。1637（寛永14）年，東海道の村々で宿馬不足の際に，馬を出すべき
「助馬」村が指定され，これ以降，主要街道で「助馬村」が整備されま
す。1660年代（寛文年間）には，「定助郷」とこれを補う「大助郷」の
設定が進み，さらに1694（元禄7）年には東海道・中山道・美濃路で，
1696（元禄9）年には日光街道でそれぞれ助郷村の新設定が行われまし
た。従来の助馬村は，同一領内・同一代官所内に設定されたのに対して，
元禄の助郷村は所領関係を越えて広域的に設定され，公儀権力の超越性
をより直接に表現しているのです。

蕨宿助郷美女木村　村入用支出（文政4年）

分類	金額	百分比
	（貫文）	（％）
年貢関係	6,600	7.3
鷹野関係	13,568	15.0
助郷関係	34,000	37.7
祭祀関係	5,748	6.4
用水・道橋関係	19,600	21.7
その他	10,700	12.9
計	90,216	100.0

14 近世の貨幣制度はどのようなものか

　関ヶ原の戦いに勝利して天下人となった徳川家康は，貨幣の統一をめざし，製造を含めた貨幣発行権をすべて独占しようとしました。中世以降に発展した貨幣経済を前提として，それまで流通していた明銭などの貨幣をただちに否定することはありませんでしたが，幕府は慶長金銀貨の発行とやや遅れた寛永通宝の発行により，金・銀・銭の三貨を全国的に普及させ，統一的な「三貨体制」が成立するのです。

　金・銀・銭の三貨は，流通する地域や使用される階層を異にしますが，1601（慶長6）年から慶長金銀の製造が開始され，1608（慶長13）年から翌1609（慶長14）年にかけて金・銀・銭の当時の三貨の公定相場である金1両＝永楽通宝1貫文（1000枚）＝京銭（鐚銭）4貫文（4000枚）が示されて，全国的な基準になりました。江戸幕府が，中央政権として貨幣統合を本格化させたのです。

　まず，金貨を鋳造する金座について述べましょう。徳川家康は，豊臣秀吉によって関東に移された1590（天正18）年ののち，京都の彫金師後藤徳乗（秀吉による天正大判の製造者）の弟子後藤庄三郎光次を関東に招いて小判をつくらせました。これは，徳川氏の全国貨幣としての小判であり，江戸の金座の原型が組織されたのも，この頃から慶長初年＝1596年頃と考えられています。

　1601年から金座で製造させた慶長小判は，以前につくらせた小判とは異なり，大量製造に適した型式を備えていました。江戸時代初期には，江戸のほかに京都・駿府・佐渡にも金座が設けられましたが，駿府はまもなく廃絶し，京都は寛政期まで，佐渡は文政初年まで製造を行いました。江戸の金座は，現在の日本銀行本館の地にあったとされ，分館の隣りあたりが後藤庄三郎邸とされています。

銀貨を鋳造する銀座の起源は，豪商の末吉勘兵衛が家康に銀座を建議し，許可されたことに始まるといわれています。末吉勘兵衛・後藤庄三郎に差配させ，堺の銀吹師湯浅作兵衛常是を銀吹人として1601年に伏見に開設され，一定の品位をもつ丁銀・豆板銀を製造しました。伏見銀座は1608年に京都へ移転し，1606（慶長11）年開設の駿府銀座は1612（慶長17）年に江戸へ移転し，京都・江戸の両座で近世の銀貨が製造されました。

　銀座役所は現在の銀座2丁目あたりにありましたが，銀座役人の汚職事件を機に，1801（享保元）年に日本橋蛎殻町に移り，明治維新で廃止されました。

　銭貨は金銀貨に35年遅れた1636（寛永13）年の寛永通宝の発行により統一されました。銭座は常設の銭座をおかず，有力町人に一定期間その経営を請け負わせ，運上を納めさせました。1636年，江戸芝・近江坂本のほか，大坂・京都・仙台・水戸などに鋳造所をつくらせ，寛永通宝の全国的な流通をはかったのです。寛永通宝は，庶民社会では主要な貨幣でした。そのため，大名領にも強制的に使用を命じて私鋳を禁じ，国内通用の銭として輸出も禁じました。こうして，宋銭以来，中国銭へ依存した状態から決別したのです。

丁銀

豆板銀

湯浅作兵衛は家康から大黒の姓を与えられたため，豆板銀には大黒天が刻印されている。

寛永通宝
（一文銭，銅）

寛永通宝四文銭

表

裏

江戸時代の海運業はどのように発展したのか

　元禄文化の充実は，17世紀中頃から経済の発展が本格化し，それに支えられたものです。経済の発展を支えたのは海上交通でした。江戸という巨大な消費都市を支えるために，大坂から江戸へ呉服・木綿・油・酒・醤油などの多様な商品が運ばれました。大坂から江戸へ運ばれる商品は，「下り荷」とよばれました。「下り荷」は，江戸に住む参勤交代の大名や旗本など武家の需要が中心であり，上質なものが選ばれました。品質の水準が劣るものは，大坂の地元で消費され，「下らぬ物」といわれたのです。

　大坂と江戸を結ぶ南海路には，17世紀前半から菱垣廻船が運航されました。菱垣廻船は，もともとは「檜垣廻船」とよばれたように，船の両側に荷物が落ちないように檜垣をつけたものでした。しかし，17世紀後半，大坂・江戸間に酒専用の樽廻船が運航を始めると，樽廻船に押されて積荷が減少してしまいます。菱垣廻船は大坂の二十四組問屋，江戸の十組問屋という特権的な問屋商人の支配下にあり，幕府の保護を受けていました。これらの船は，太平洋岸の港々へ寄港するため時間もかかりました。一方，樽廻船は鮮度が命の酒を大坂から江戸へ直送し，他の荷物を上積みとして載せるため，安価で早かったのです。

　江戸の商人河村瑞賢は，17世紀後半，出羽の酒田から江戸・大坂へ東北地方の米を輸送する航路を整備しました。これが，東廻り海運・西廻り海運といわれるものです。

　こうしたなかで，18世紀後半の田沼意次の時代から全国各地の経済力がいっそう飛躍します。全国各地の特産物を，全国各地の人びとが消費する近世の消費革命が起こるのです。この需要に応えたのが，新しく18世紀後半から勃興した北前船や内海船とよばれる廻船です。

北前船は，江戸時代中期から明治時代中期まで，日本海の海運に活躍した船で，蝦夷地の松前から大坂へさまざまな物資を運びました。昆布製品は今までも大阪の特産品ですが，それは北前船が運んできたもので，昆布は遠く琉球へも輸出され，清への朝貢品となりました。北前船は，主に船主や船頭が商品を買い取り，それを適当な地で売却することで利益を上げていました。菱垣廻船や樽廻船のように，商品を荷主からあずかって輸送するのではありませんので，臨機応変に商品輸送・売買を行って大きな利益をあげることができました。

　伊勢湾の知多半島を拠点に18世紀半ばから登場した内海船も，北前船と同じく船主や船頭が買積みを行う，小回りがきく船でした。内海船は尾張藩の統制下にありましたが，瀬戸内海周辺の商品を現地で積み込み，大坂を素通りして伊勢湾や関東方面へ輸送しました。江戸時代後半期の産業経済が発展するなかで，塩・砂糖・筵・藍など，生産量の激増した商品でもうけた新たな流通の担い手なのです。

紀伊半島周辺図

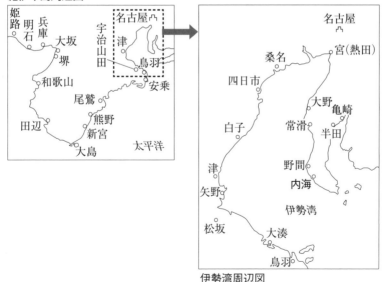

伊勢湾周辺図

16 近世の山丹地方（蝦夷地・樺太・アムール）との交易はどのようなものか

　近世に，「山丹」という言葉があります。北蝦夷地（現在の北海道北部）の北方，樺太から間宮海峡を越えたアムール川（黒竜江）下流域を指します。片仮名で「サンタン」と表記されたり，漢字では「山靼」や「山旦」と書かれたりもします。そこに住む民族集団を指す場合は「山丹人」と書かれ，地域を指す場合は「山丹地」と書かれます。漢文の文献には「山丹」の語はなく，和文史料のみに見える用語です。蝦夷地・樺太南部に住むアイヌや，樺太中部に住むウィルタの言語に見える「サンダ」「シャンタ」といった単語に由来する借用語とされています。

　「山丹人」は，ウリチとよばれる民族集団を指します。ウリチは現在，ロシアにおいて公認された先住民族の1つで，アムール川下流域に約3200人が暮らしています。「山丹地」とは，狭い意味では近世におけるウリチの居住地ですが，幕末の用例を見ると，ウリチ居住の有無にかかわらず，アムール川下流域一帯を広く指しているのです。

　アムール川下流域は，19世紀半ばに露清間で結ばれたアイグン条約（1858年）や北京条約（1860年）でロシア領となりましたが，それ以前はネルチンスク条約（1689年）が長く効力を持ち，清朝の支配下にありました。清朝は，この地域の諸民族を辺民制度という収貢頒賞のシステムで，政治的に編成していました。清朝は松花江流域の都市三姓（現，依蘭）に，吉林将軍管下の副都統をおき，三姓副都統はアムール川下流右岸のデレンにおかれた出先機関（満州仮府という）に役人を派遣し，朝貢品の受領とそれに応じた官職や褒賞を与えていたのです。

　清朝が貢納物として求めたのは，毛皮です。とりわけ，貂や獺・狐が求められました。これへの対価として，官職とともに頒賞品が下されました。授けた官職に応じた絹織物の官服（チャイナドレス状の

龍紋衣）や反物・青玉などです。ウリチは入手した絹織物や青玉を，鷲羽（矢羽に使用）などとともに樺太やソウヤ（宗谷）にもたらし，アイヌや和人と交易しました。アイヌからは毛皮を調達し，和人からは和製品（主に鉄鍋や小刀）を入手しました（山丹交易）。アイヌは，ウリチから得た山丹交易品を和人へ転売するのです。

　この龍紋の絹織物は，「蝦夷錦」や「山丹錦」などとよばれ，松前藩主が将軍や諸大名への贈答品に用いたほか，一般に流布し，僧の袈裟や文具，茶道の袱紗に用いられ，近世の日本社会で珍重されました。近世の日本は清朝へ入貢していなかったために，長崎に皇帝のシンボルである龍紋衣の官服がもたらされることはなかったのです。「蝦夷錦」が珍重されたのは，こうした事情からです。明治時代になって，日露間の近代的国境画定作業のなかで，山丹交易の成立する余地はなくなっていきます。

山丹交易関連概念図

17 「旧里帰農令」と「人返しの令」はどのような法令か

　都市である江戸の町方人口は，増加の一途をたどり，18世紀前半には50万人を超えたといわれています。これは，江戸以外の他国出生者の江戸流入が原因です。他国から離村した流民が，江戸の下層社会のなかに吸収されたからです。農村における離農者の増大は，農業生産力を低下させるとともに，領主の存立基盤である年貢徴収を根底から揺らしました。また，都市下層民の増加は，米価高騰や飢饉などの際には救済対象者が増大し，財政支出を増加させます。さらに，「その日稼ぎ」「その日暮し」の生活を送る流入者は，打ちこわしなどの主体勢力ともなったのです。都市における社会問題の発生と村落の荒廃は，表裏一体でした。

　1789（天明9）年，陸奥・常陸・下野の3カ国に出稼ぎ奉公を制限する法が出されました。この3カ国は，人口減少が著しかったからです。出稼ぎには領主の許可が必要で，その許可状を町奉行に提出しなければなりません。これと対をなす形で，翌1790（寛政2）年，江戸の町方に出されたのが，いわゆる旧里帰農令です。要点は，①江戸にいる者で帰村希望者には費用を支給し，②故郷以外で帰農希望者には費用を支給して他国で「手余り地」を与える，③妻子ともどもの帰村を認め，④出願期間は寛政2〜4年の2年間とする，ことでした。しかし，出願者は皆無に近く，翌年にも再令されましたが，まったく成果をあげることができませんでした。

　天保期に，農村から都市への人口流入は増大し，天保の飢饉（1833〜36年）がこれに拍車をかけます。大坂では大塩平八郎の乱が起こり，各地で百姓一揆や打ちこわしが頻発しました。老中水野忠邦を中心とする幕府の危機感は，寛政の改革の時より深刻でした。

　老中水野忠邦は，1842（天保13）年10月，南北の江戸町奉行（鳥居忠

耀，遠山景元）に，村方からの流入人口を把握するために人別改めの
実施を命じ，11月には帰農策の一環として「無宿野非人旧里帰農令」
を発令しました。それは，治安上の問題が多い江戸の無宿者，野非人の
強制帰郷をはかったものでした。これは，翌年3月に出される「人返し
の令」の前段でした。

　1843（天保14）年3月，「人返しの令」が町触の形で発令されます。
この法令で，江戸への新規移住が全面的に禁止され，また帰農において
も他国へ帰農するなどの選択余地はなく，出生の村へ強制送還するとい
うのが基本姿勢です。もちろん，江戸で所帯をもち，定職を有するも
のは，この対象からはずれます。いい換えれば，人別改めを通じて村へ
返すか，江戸の者として受け入れるかの選別が行われたわけです。人返
しの令は，その運用過程で，流入民を「江戸っ子」として正式に受け入
れる法としても機能したのです。

　天保14年の人返しの令により，同年秋の江戸・大坂の人口は大きく減
少しますが，その後，再び都市人口は増加に転じます。なぜかといえば，
空間的にはもちろん，都市としての機能の拡大にともない，江戸や大坂
には労働力としての出稼ぎ人を不可欠とする社会・経済的状況がすでに
存在していたからです。

お救い小屋

18 江戸時代の飢饉対策はどのようなものか

　江戸時代の農村は，冷害・日照り・風水害，さらに虫つきなどによって，たびたび凶作を経験しました。しかし，凶作が必ずしも飢饉に直結したわけではありません。奥羽地方では米の余剰生産地であっても，藩が財政の窮乏から領内米を根こそぎ買い上げて全国市場へ売ってしまい，残りの貯蓄がなおざりにされたところに凶作が襲い，飢饉の悲劇を大きくしていました。

　近世前期の貯穀を見ると，1630年代は，主に譜代藩においた「城詰米」と直轄地の「囲米」の制度があります。1676（延宝4）年の統計では，城詰米が全国59カ所の藩の城に24万石余，また囲米が大坂7万石，近江大津5万石，京都二条1万石，摂津高槻1万石，駿河駿府1万石など，12カ所，15万9000石を数えており，毎秋，新穀（年貢米）で詰め替えることが義務づけられていました。いわば，統一権力としての幕府の国家的貯穀ということができます。

　当初は，軍事的な兵糧米としての性格をもっていましたが，西日本の享保の飢饉（1732〜33年）の際に，これらの貯穀が西国大名を救援するために，現地に回米・売却されました。また，天明や天保の飢饉の時は米価が高騰した江戸へ回送されました。幕府は，豊作時に諸大名へ凶作に備えての「置米」「置籾」をしばしば奨励しました。しかし，この備蓄奨励は米のだぶつきから米が低価格になることを見込んで，年貢米売却時には幕府や諸大名が不利になってしまうことを回避するという思惑もからんだ米価政策と見るべきでしょう。

　近世後期になると，財政窮乏から領主の貯穀・囲米が十分に行われなくなり，百姓も貨幣経済の渦に巻き込まれ，穀物の換金化に走る時代になりました。こうした市場経済にほんろうされ，宝暦の飢饉や天明の飢

饉が深刻化したのです。

　小農民経営が破綻し，農村の荒廃を食い止めるために，18世紀後半から農村に社倉・義倉が設置されたのです。社倉は，村民が穀物を出し合って倉へ備え，自治的に管理・運営するものです。義倉は，領主が富裕者に穀物を提供させて貯穀するものです。米価調節のために貯穀する常平倉と，合わせて三倉とよばれました。

　寛政の改革を行った松平定信政権は，諸大名に1万石につき50石を貯穀させ（囲米），幕領農村には囲穀として高100石につき米なら1斗，黍・稗・粟なら2斗を百姓の作徳から備えさせました。近隣農村で構成する組合村ごとに郷倉を建設させ，幕府からも下げ穀として村の出穀高の20分の1を村側へ渡しました。この方針に基づいて，各地に郷倉が設置されました。また，江戸における町会所設置による七分積金は，都市版の社倉といってもいいでしょう。1787（天明7）年の江戸打ちこわしにおどろいた幕府の，都市の下層民対策であったことはいうまでもありません。

東京都葛飾区立堀切小学校校庭の郷倉

第 Ⅳ 部

近代・現代

和親条約と修好通商条約の締結経緯とその違いは何か

　ペリーは1853（嘉永6）年6月，軍艦4隻を率いて浦賀沖に現われ，日本に開国を求めました。幕府は，ひとまずフィルモア大統領の国書を受け取り，日本を去らせました。ペリーは，翌1854（安政元）年1月，ふたたび7隻の艦隊を率いて来航し，幕府はその威力に屈して3月に日米和親条約を結びました。ついで，幕府はイギリス・ロシア・オランダとも類似の内容の和親条約を結んで，200年以上にわたる「鎖国」政策から転換したのです。

　日米和親条約の内容は，(1)アメリカ船の必要とする燃料・食料の補給，(2)難破船や乗組員の救助，(3)下田・箱館の開港と領事の駐在，(4)アメリカへの一方的な最恵国待遇でした。

　これにならって，同年中に締結された日露和親条約・日英和親条約も，基本的には指定された少数の港（箱館・下田・長崎。長崎は日露和親条約で入る）で，条約国船への燃料・食料の補給，漂流民の救助・保護を認めたものに過ぎなかったのです。

　その後，1855（安政2）年にオランダと結んだ日蘭和親条約は，通商条約ともよばれていますが，それまでの長崎・出島における制限的な日蘭貿易関係や，出島商館の貿易（本方）とオランダ人商館員個人が行う取引（脇荷方）をおおむね文章化したものでした。

　ついで1857（安政4）年，従来の脇荷商法を拡張する形で，新規の貿易関係を定める追加条約が結ばれました（日蘭追加条約，同年にロシアとも同様の追加条約を結んだ）。しかし，オランダやロシアとの間に結んだ「通商条約」は，貿易額や来航船数，商品の取引形態などは，依然として幕府が制限し，自由には貿易ができないものでした。

　この背景には1855年，イギリスとシャム（現在のタイ）との間に，自

由貿易が結ばれたことがありました。オランダもこうした情勢を見て，自由貿易を始める新たな日蘭追加条約の草案(そうあん)を幕府へ示したのです。

　同じ頃，日米和親条約に基づいて，アメリカの初代駐日総領事タウンゼント・ハリスがシャム，香港(ホンコン)を経て，下田へ着任したのです。ハリスは，来日途上で，イギリスについで米・シャム条約の締結に成功していたのです。

　1857年2月，長崎にきたオランダ船が，中国におけるアロー戦争の勃発の情報をもたらしました。幕閣は，旧交あるオランダと脇荷貿易を拡大する追加条約を結び，それをひな形として幕府の主導権下ですべての通商希望国と条約を結ぼうと考えて，日蘭追加条約と日露追加条約を結んだのです。しかし，1857年12月，アメリカ総領事ハリスは日蘭・日露追加条約型の通商規定を拒否し，自由貿易原則に基づく条約草案を提出しました。ハリスは，その受容のみが西洋諸国との戦争を回避し，日本の富強を約束すると主張し，妥協しなかったのです。

　その結果，①外交官の相互交換と首都駐在，②箱館・神奈川・新潟・兵庫・長崎の開港，江戸・大坂の開市(かいし)（外国人商人が入り，取引きできる），③自由貿易の原則，などが取りまとめられました。そして，日米修好通商条約と関税率などを定めた貿易章程(しょうてい)が1858（安政5）年に結ばれたのです。

　このあと，オランダ・ロシア・イギリス・フランスの各国との間に，相次いで結んだ5つの条約，すなわち安政の五カ国条約は，各国との自由な貿易活動を保障する画期的な意味をもつ条約となりました。

貿易章程の関税率

輸出	5％	金銀貨幣・棹銅(さお)のほかのすべての日本産輸出品
輸入	20％	下記以外のすべての品物
	35％	すべての蒸溜酒・醸造酒
	5％	船具・捕鯨具・塩漬食物・パン・パン粉・鳥獣・石炭・建築材・米・籾・蒸気器械・トタン・鉛・錫・生絹
	無税	金銀貨幣・金銀・当用の衣服・家財・非商用書籍

② 「討幕」と「倒幕」の違いは何か

　幕末維新史の研究では，「討幕」と「倒幕」は，ともに幕府体制の打倒・廃止を意味する用語です。しかし，討幕・倒幕はまったく同義の用語として混用されているわけではありません。歴史研究者の間では，区別して使用されているのです。

　まず，「討幕」の語義は"幕府を討つ"ことであるから，そこには従来の幕府による失政を責め，討伐するとの意味が込められています。いわば，武力を行使して幕府体制を打倒・廃止することであると解されています。この討幕は，大久保利通・木戸孝允らの薩摩・長州両藩士と，岩倉具視らの急進的公家たちが提携して主導した路線です。つぎに，「倒幕」の語義は"幕府を倒す"ことなので，幕府体制を打倒・廃止する政治的な行動全般を意味する広い概念です。武力行使をともなう前述した討幕はもちろん，戦争を回避した平和的手段による幕府体制の廃止も含まれています。この平和的倒幕とは，具体的にいうと，土佐藩が推進した大政奉還運動のことです。幕府体制に代えて，諸侯（大名）会議を国家最高の意志決定機関とする国家体制の樹立をめざす公議政体論が，その理論的根拠となっているものです。

　以上のように，討幕と倒幕の意味を理解すると，討幕も倒幕の一手段と位置づけられ，討幕は武力倒幕ともいい換えることができます。狭義の倒幕が討幕（＝武力倒幕）で，広義の倒幕は公議政体論による平和的倒幕をも含むものということになります。

　一般に武力倒幕，すなわち討幕運動の担い手を討幕派とよび，公議政体論による平和的倒幕運動の担い手を公議政体派とよびます。

　しかし，討幕の密勅の降下，大政奉還，王政復古という幕末政治史のクライマックスを迎えた1867（慶応3）年段階で，中央政局における討

幕派と公議政体派の政治路線の違いは，倒幕の実現に向けて，武力を行使するか，しないかという単なる方法・手段の違いだけではないのです。実は両者の違いを決定づけているのは，その政治目標の違いです。このため，両者は妥協し，提携（ていけい）する一方で，最終的には対立せざるを得ませんでした。王政復古のクーデタにより，政治体制としての幕府が廃止された後も，その政治的抗争は激化しました。

　討幕派と公議政体派の政治目標の違いとは，①徳川慶喜（よしのぶ）および旧幕府勢力を国政から完全に排除するのか，あるいは新政権への参加を認めるのか。②幕藩領主の封建的個別領主権を維持するのか，あるいはその否定を志向するのか。という点にありました。

　①については，討幕派は慶喜・旧幕府勢力を国政から完全に排除して，その消滅をめざしていたのに対し，公議政体派は慶喜の復権と新政権への参加を企図しました。②については，公議政体派は諸侯会議を国政の中心機関として朝廷のもとにおく諸藩連合政権的な国家体制をめざしたのに対し，討幕派は領主の個別領有権の解体・消滅（＝版籍奉還（はんせきほうかん）・廃藩（はいはん）置県（ちけん））を行い，天皇親政に基づく中央集権的国家の創出をめざしていたのです。

大政奉還

1867年10月13日，将軍慶喜が在京の重臣を京都二条城黒書院に集め，政権返還の決意を告げた場面を描いたもの。作者は邨田丹陵。

配置図

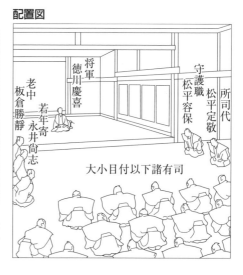

③ 小御所会議はどのような会議だったのか

　王政復古は，クーデタです。この宣言で「幕府の廃絶」が決定され，新政府の意志決定機関として，総裁・議定・参与の三職が設置されました。総裁は有栖川熾仁親王，議定は上級公家と大名，参与は下級公家と藩士が任命されました。

　1867（慶応3）年12月9日，王政復古の大号令が発布されたのち，夜に入って小御所で初めての三職会議が開かれました。小御所会議です。小御所は，京都御所紫宸殿の東北にある南北棟の御殿です。上・中・下段の3室からなり，上段は畳2枚を並べ，背後は屏風を立てています。

　小御所会議では，明治天皇は上段の一の間に御簾をへだてて坐り，親王・公家は中段の二の間で天皇の左側に，諸大名は右側に列座し，尾張・越前・土佐・安芸・薩摩の5藩からの藩士は，参与として下段の三の間に敷居際まで詰めています。

　会議は，明治天皇の祖父中山忠能が開会を宣すると，すぐ議定の土佐藩主の山内豊信が「大政を奉還した慶喜を召すべきだ」と発言したのに対し，公家の大原重徳が「慶喜は大政を奉還したといっても，朝廷への

小御所全景

忠誠があるかは疑しい」と反対したのです。山内豊信は「元和偃武以来三百年にわたる天下太平は徳川氏の功績であり，徳川慶喜の大政奉還は朝廷への忠誠心の表われだ」と主張しました。ついで，越前藩主の松平慶永も「徳川氏二百年の太平の功は今日の罪をつぐなうに十分だ」と山内豊信に同調したのです。

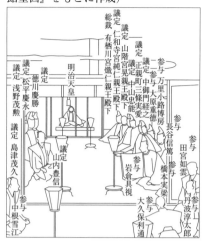

小御所会議（『明治神宮　聖徳記念絵画館壁画』をもとに作成）

　これに対して，岩倉具視は徳川幕府の非を列挙したあと，「慶喜がほんとうに反省しているなら，すみやかに官位を辞し，土地と人民を朝廷へ返還すべきである」と，会議のねらいに踏み込む発言を行いました。大久保利通も「慶喜がほんとうに反省しているかは辞官・納地にある」と岩倉を援護したのです。慶喜に官位がなくなれば，ただの民間人です。新政権には加われません。幕領を返還すれば，幕府の経済力はなくなります。小御所会議のねらいは，徳川慶喜を新政権から完全に排除し，幕府の経済力を奪うことだったのです。

　議論が紛糾したため，天皇から休憩の命がありました。この休憩中に岩倉具視は，山内豊信の意見に傾き，動揺していた議定の安芸藩主浅野茂勲に，山内豊信が自説をまげないのなら，天皇の前で山内豊信を刺し殺す決心をしたことを告げました。浅野茂勲は，家来の参与辻将曹をよび，土佐の後藤象二郎へ岩倉の決意を伝えさせました。後藤はもはや論争の時ではないことを悟り，それを山内豊信に伝え，松平慶永も説得したのです。

　休憩後に再開された会議は，表面上はおだやかに徳川慶喜に対する辞官・納地を決定しました。小御所会議が終ったのは，夜の12時を過ぎていたのです。

4 「錦の御旗」とはどのような旗か

　戊辰戦争の時，新政府側は188藩，11万7000名余の兵力を動員して，旧幕府側と戦いました。しかし，いわゆる東征軍が，西南雄藩を主軸とする「諸藩の連合軍」という性格が強かったのです。このため，東征軍にとっては，自らを錦旗をもった「官軍」と位置づけて，諸藩に対して戦争目的の正当性を示すための要素・象徴が必要でした。

　「錦の御旗（錦旗）」とは，中国の唐時代の旗「太常」に由来する天子の旗です。錦旗を「官軍」の標章とすることは，鎌倉時代以来の古事にならったものです。「朝敵」征伐に赴く将帥へ，天皇が錦旗と節刀（天皇が全権委任したことを表わす刀）を下賜するという形式が，ずっと踏襲されていたのです。

　戊辰戦争における最初の錦旗は，陸援隊士らを率いて高野山に挙兵した鷲尾隆聚（侍従）へ，1868（慶応4）年1月3日付で下賜された日・月の御旗でした。この錦旗は，もともと長州征討の時につくられたものでしたが，使用されずにいたものを，幕府との戦いに下賜したものといわれています。その旗は，幅が8寸（24cm）か9寸（27cm），長さが1丈（3m）で，1旒の旗に金の日，銀の月の章がある特異な旗でした（図1）。

　また一方で，倒幕運動の進展を背景に，岩倉具視の命を受けた大久保利通と品川弥二郎が，長州藩の有職師（古典や学問，儀式に詳しい者）岡吉春に調製させた錦旗がありました。岡吉春は，山口の諸隊会議所において，秘かに日月章の錦旗を各2旒，菊花章（天皇家の紋

図1　鷲尾隆聚に下賜された錦旗

図2　赤地の錦旗

章）の紅白旗各10旒を製作しました。その旗は，全長１丈２尺（3.6m），
幅３尺（90cm）の赤地錦織（図２）で，直径１尺２寸（36cm）の金の
日輪と銀の月輪がつけられていました。この錦旗は，1868（慶応４）年
１月４日に，大坂へ向う征東大将軍仁和寺宮嘉彰親王に下賜され，翌１
月５日に淀の戦場に翻ると，「官軍」の兵士は涙を浮かべて喜んだと
いわれています。

　また，1868年２月15日，有栖川宮熾仁親王に，東征大総督として進
発する時，錦旗２旒，萌黄緞子の菊花紋の旗が与えられました。いわゆ
る「トコトンヤレ節」の第２節に「ありや朝敵征伐せよとの錦の御はた
じゃしらなんか」と歌い込まれ，「官軍」のイメージを，世間一般に広
めたのです。

　戊辰戦争では，菊の御紋章がついた御旗も使われました。これらは，
諸道の総督や諸藩に下賜されたものでした。生地に緞子を用いたのは，
錦が高価で支払いの目途が立たなかったからです。また，東征軍の京都
進発後には，「官軍」兵士全員に「錦切」とよばれた肩印を下賜しまし
た。日・月の錦旗は，それぞれの宮が凱旋した時に天皇へ奉還され，諸
道・諸藩の菊紋の御旗は太政官の軍務官が回収しました。兵士の錦切は，
従軍の証として兵士に拝領させました。

5 五箇条の誓文は，なぜ明治国家の原点なのか

　五箇条の誓文は，1868（明治元）年3月14日，京都御所の南殿（紫宸殿）における天神地祇誓祭において，明治天皇が文武百官を率いて天地神明に誓うという形で定めた国是（政治の基本方針）で，公卿・諸大名が署名しました。当日に示された明治天皇の宸翰（天皇の親筆の文書）とともに，明治新政府の原点とされています。

　誓文が出される直前の1868年1月15日に明治新政府は，王政復古を各国へ通告するとともに，同日，開国和親を国内に布告し，開国和親の徹底を最重要課題として取り組んでいました。

　しかし，当時はまだ攘夷の風潮が強く，宮中でも保守勢力には攘夷意識が根強かったのです。こうした状況を改善するため，総裁局顧問として外交問題を担当していた木戸孝允は，外国公使を京都へ招き，天皇と謁見させることを計画しました。反対を押し切って決定し，各国公使の謁見は2月30日に実施されました。

　フランス公使，オランダ公使の謁見は，予定通り行われました。しかし，イギリス公使パークス一行は，御所へ向う途中で草莽の志士（民間の攘夷派）2名に襲われたのです。明治政府は直ちに謝罪し，外国人へ乱暴する者を厳罰に処する布告を約束（のちの五榜の掲示第四札となる）し，3月3日，パークスの謁見は実現したのです。

　誓文の作成は，1868年3月5日，新政府の中枢役所である太政官代で，総裁局副総裁三条実美・同岩倉具視や公卿が列座するなかで，総裁局顧問小松帯刀・後藤象二郎・木戸孝允から数条の議案が提出され，告諭文（宸翰）と諸侯会盟が審議されました。天皇の宸翰は，「乞食にいたるまで合点」の行くようにわかりやすくし，広く普及をはかろうとしました。事実，この宸翰はすべての漢字に振り仮名をつけて交付され

ました。

　木戸孝允の建言は，各国公使の謁見後も天皇の主意が広く徹底せず，諸藩の方向はバラバラで，草莽が身命をなげうって働いても，かえって国家の禍害（かがい）を発生させるばかりである（パークス襲撃事件を念頭）とし，天皇が公卿・諸侯・百官を率いて神明に誓い，国是を確定して天下に示す重要性を述べています。木戸は，諸侯会盟の形式ではなく，初めから天皇が公卿・諸侯・百官を率いて神明に誓う，という形式を提起していたのです。

　宸翰と諸侯会盟の審議が始まると，岩倉具視や三条実美，そして公家層も諸侯会盟の形式に反発し，臣下からの「誓」という形式，具体的には誓状に署名を加える形式がよいとしたのです。

　誓祭の日に向け，在京の諸侯に対しては，官位叙任の年月日を報告させました。これは，儀式における着席順や署名順を決めるために必要なものでした。大勢の参列者（誓文当日の署名者は250名）を集める儀式には，不可欠だったのです。そして，3月14日が誓祭の日と決まりました。誓文と宸翰は，直前まで修正が加えられました。

五箇条の誓文の草案

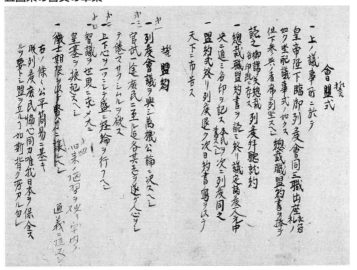

誓文の草稿の修正からその過程を探ってみます。写真の木戸自筆の修正草稿は，福岡孝弟の会盟式および盟約の原案を木戸が修正したものです。木戸は，「会盟式」の表題を「会誓式」と修正し，諸侯会盟を否定し，天皇が諸侯とともに天地神明に誓うという形式に改めました。表題の「盟約」も「誓」と修正し，これも盟約の形式を否定して誓文の形式にしたのです。また，本文は，第４条として「旧来ノ陋習ヲ破リ，宇内ノ通義ニ従フベシ」を加えました。「陋習」とは，鎖国・攘夷＝外国人襲撃だけでなく，外国公使の天皇謁見に抵抗する宮中の陋習も含まれます。この後半は，「天地ノ公道ニ基クヘシ」と修正され，より広く考えられるようにしました。

　第４条を加えたことにより，福岡案の第４条を５条にして，最後の第５条を削りました。福岡案の第５条は，徴士（藩士・庶民から選抜した議事所の議員）の期限についての規定ですが，誓文としては必要なかったからです。

　第一条は，「列侯会議ヲ興シ」と列侯会議の形式がそのまま残っています。すでに諸侯会盟は否定されていますので，のちに「広ク」に修正されました。「広ク」の意味は，自由民権運動など，のちの時代にさまざまに解釈されますが，福岡孝弟は「府藩県にわたりて広く何処にも会議を興す」との意味だと述べています。ただちに庶民まで政治参加を認めるものではないことは，当時の歴史段階からして当然でしょう。

　３月14日，紫宸殿において儀式が行われました。政治的な公式の場に中国の聖賢の画像が配されるのは古代からの伝統です。午前10時，公卿・諸侯が参内し，御告諭書（宸翰）を拝見したのち，正午，誓祭が始まりました。天皇が幣帛の玉串を奉献し，神拝後，三条実美が五箇条の誓文を読み上げました。それが済むと，公卿・諸大名が１人ずつ中央の席まで進み，神位を拝し，ついで天皇の御座を拝したのち，奉答書に加名執筆したのです。絵には諸侯・公卿・親王の前に硯と奉答書が描かれています。天皇は議定職まで加名執筆が終わった段階で入御（内へ入る）しました。午後３時でした。

その後，天皇が不在のまま，加名執筆は続き，当日，250名が署名し，終了したのは午後7時頃であったといいます。公卿・諸大名の奉答書は4通あり，執筆署名の末尾は，1871（明治4）年5月4日の忍藩知事松平忠敬でした。署名は498名にのぼり，旧幕府側の大名を含め徹底して署名が求められたのです。支配者層のほぼすべてによる新政府の承認が完了しました。

乾南陽「五箇條御誓文」と配置図

副総裁　三條実美

副総裁　岩倉具視

明治天皇

硯・奉答書　諸候　公卿親王

6 明治政府の廃仏毀釈とはどのようなものか

　明治政府の誕生とともに，江戸時代の国教的存在であった仏教を否定し，神道を国教にしようとする政策が行われます（廃仏毀釈）。それは，奈良時代末より行われていた神仏習合を廃し，神仏分離を強行することから始まりました。

　神仏分離政策の経緯は，まず，五箇条の誓文発布から3日後の1868（明治元）年3月17日に，神社から仏教僧侶の追放を命じます。これまで神仏習合であったため，全国の多くの神社は，別当・社僧などと称し，僧侶が神主を兼ねていましたが，これを否定したのです。3月28日には，仏像を御神体としている神社に，仏像を取り除かせました。江戸時代までは，本地垂迹（インドの仏たちが日本の神々となったという考え）であったため，本地仏を神社の御神体とする方がむしろ一般的でありました。また，神社にあった梵鐘や鰐口・仏具も取り除かれたのです。

　石清水・宇佐・箱崎などの八幡宮では，仏の称号である八幡大菩薩の号を廃止し，八幡大神ととなえさせたのです。閏4月4日には，これまでの別当・社僧であった僧侶には，一度還俗させた上で，神主・社人になるよう命令が出されました。実態としては，のちに資格試験を行い，別当・社僧の大半は神主・社人にはなれずに帰農させられてしまいました。また，神主の葬式はこれまで仏葬祭でしたが，閏4月19日に，神職とその家族の葬儀は神葬祭で行うように指示が下されました。神社から仏教的要素はすべて排除されたのです。

　この情況下で，明治政府に入った国学者や神道家たちは，廃仏毀釈を徹底的に行おうとしました。全国的に吹き荒れた廃仏毀釈の嵐により，廃寺となった寺の全国統計はありません。断片的な資料しかないのです。表1の富山県・度会県（今の三重県の一部）の2つを見てみましょう。

表1　県単位の廃寺数

	寺院数	廃寺数	廃寺率
富山県	1,635	1,627	99.51
度会県	286	195	68.18

（一宗一か寺のみ残す）

表2　天台宗の県単位の廃寺数

	寺院数	廃寺数	廃寺率
愛媛県	287	265	92.33
茨城県	1,010	789	78.12
全国	10,006	6,553	65.49

表のように富山県は一宗一カ寺のみしか存在を許されず，残りはすべて廃寺とされました。諸宗寺院は，本山（ほんざん）を通じて明治政府へ働きかけ，1871（明治4）年には檀家（だんか）70軒以上をもつ寺の再興が許され，明治9年には檀家70軒以下でも再興が許されました。

　しかし，一度破却した寺を再興するのは大変で，従来の力をとりもどせませんでした。度会県は伊勢神宮のお膝元です。1869（明治2）年の明治天皇の伊勢神宮行幸（ぎょうこう）にあわせて，約7割が廃寺となりました。

　宗派単位の例として，表2の天台宗寺院を見てみましょう。全国的に見て，約6割5分が廃寺となっています。また，民衆信仰の中心である山岳信仰寺院は，全国各地とも廃寺率は9割を超えています。現在，神社となっている所でも，その多くは当時の寺院をそのまま利用している所が多いのです。

　江戸時代の寺院数は，20万カ寺と推測されています。現存する寺院数は7万4600カ寺です。廃仏毀釈で，江戸時代に存在した寺院のうち，3分の2寺が廃寺となり消滅してしまったのです。

7 学制発布で，明治の教育はどう変わったのか

　「学制」とは，明治政府が出した日本の近代学校制度に関する初の総合的な基本法令のことです。1872（明治5）年8月3日に発布されました。

　明治政府は，1871（明治4）年7月，廃藩置県直後に文部省を設置し，全国的な統一的学校制度を確立するため，準備を進めました。江戸幕府が設立した蕃書調所に出仕し，パリ万国博覧会の派遣使節徳川昭武にしたがってフランスに留学した経験がある箕作麟祥ら12名を，学制取調掛にして，日本の教育制度の大綱を定めさせようとしたのです。この学制発布の1日前，すなわち1872年8月2日に学制の趣旨を声明したのが，「学事奨励に関する太政官布告—被仰出書」です。

　この学制発布前日に出された「被仰出書」では，生活上役立つ実学思想，個人の立身出世も表明されました。示された最も重要なことは，「必ず邑に不学の戸なく，家に不学の人なからしめん事を期す」という「国民皆学」の方針です。「国民皆学」とは，日本国民を男女を問わず小学校教育を通過させることをめざすことです。小学校で，近代的な日本国民の資質を統一的につくるのです。

　翌8月3日に，学制の本文に先の太政官布告を副えて，各府県へ通達されました。大・中・小の学区，学校，教員，生徒試業，海外留学，学費が定められまし

大学区界

第7大学区
第6大学区
仙台
新潟
第1大学区
第4大学区
名古屋
東京
広島
大阪
第2大学区
長崎
第3大学区
第5大学区

た。

　学区は全国を8大学区に分け，各大学区に大学校1つ，中学校32，各中学区に小学校210を設ける規定でした。学区は教育行政の単位で，大学区には大学本部に督学局をおき，中学区には学校設立を行う学区取締をおきます。各学校の教育課程は，小学校が国民すべてが6歳で入学し，下等小学4年，上等小学4年で，下等4年が義務とされました。中学校は下等中学3年，上等中学3年で，その後，「高尚な諸学を教える専門科」をもつ大学に入るのです。

　学費（授業料）は民衆が払うばかりでなく，小学校の建設費も民費（町村財政の支出）で，人びとには大きな負担でした。

　学制では，全国の小学校数は計算上5万3760校となります。現在の全国の小学校数は2万校弱なので，いかに現実と乖離した机上プランかがわかります。また，小学校は8年制としていますが，1886（明治19）年，文部大臣森有礼の時の小学校義務教育年数は，学制の下等小学と同じ4年です。その後，義務教育が6年になるのは日露戦争後の1906（明治39）年，8年間になるのは1941（昭和6）年の国民学校令からです。

　また，小学校の先生はすべての教科を教えることができなければなりませんが，学制発布の時にはそうした近代教育を行える教員はまだいません。学制発布の1872年に東京に師範学校ができ，翌73年に大阪にも師範学校ができて教員養成が始まります。また初めは，校舎も大半は寺子屋を改造したものであり，先生も読み書き・算盤を教える寺子屋の師匠が大半だったのです。教材も，江戸時代以来の『往来物』や『国尽し』でした。1873（明治6）年の就学率は28％とされています。

　1879（明治12）年，アメリカ人マレーの意見を入れた教育令が出されます。画一的な学制を廃止し，小学校設立の主体を町村としました。また，最低就学期間を16カ月と大幅に短縮しました。この就学期間は，実は江戸時代の子供たちが寺子屋へ通う期間が基準でした。現実は，このようなものだったのです。

⑧ 徴兵令発布で，国民皆兵は実現したのか

　徴兵令は，1873（明治6）年1月10日，太政官布告によって公布され，国民の兵役義務が定められました。

　明治政府の直轄軍である御親兵1万人は，1871（明治4）年7月に廃藩置県を行う時，諸藩の抵抗を抑える目的で薩摩・長州・土佐の藩兵からつくられました。しかし，徴兵令発布の1日前，それまで鎮台は仙台・東京・大阪・熊本におかれていましたが，そのほかに名古屋・広島にもおかれるようになり，6鎮台制となります。大体，1つの鎮台で3000名の兵士が必要となるので，兵士の数に不足をきたします。徴兵により，兵士を増加することが現実に必要となりました。

　徴兵令の発布より前，その予告ともいうべき徴兵告諭が1872（明治5）年10月28日に出されました（明治5年12月3日を太陽暦の明治6年1月1日としたので，徴兵告諭から徴兵令発布まで1カ月強でした）。この徴兵告諭にある「血税」の語句から，徴兵令反対一揆を血税騒動（血税一揆）といいますが，誰も兵士となって血を流して死にたくはなかったのです。

　徴兵令の規定では，満20歳で徴兵検査を受け，合格者のなかから抽選で3年間の兵役に服し（常備兵役），現役終了ののち4年間の後備役となり，戦争が起こると徴集されます。しかし，この徴兵令には多くの免除規定がありました。①官庁に勤める者・陸海軍の学校生徒・官公立の学校生徒・留学中の者・医術や馬医術修行中の者，②一家の主人（戸主）・嗣子や嗣子直系の孫・独子独孫・病気などの父母にかわり家を治める者・養子・徴兵在役中の者の兄弟，③代人料270円を納めた者，が免除されました。①はいわば将来の国家や軍を担うエリート層の温存，②は明治国家の基礎とされる家族制度を維持する者，③は富裕者です。

実際に兵役を免除された人の割合は，どのくらいだったのでしょう。表を見て下さい。1876（明治9）年に徴兵検査を受けた人は約29万6000人で，徴兵検査に合格して徴兵名簿に載った人は約5万3000人です。免役者は82％にもなります。また，この徴兵名簿から抽選で現役の兵役につきましたから，実際上の免役率は90％以上にのぼると考えられます。

　軍管区別の徴兵免役者を見て下さい。東京鎮台管轄下は約13％の人しか徴兵名簿に登録されていませんが，仙台鎮台管轄下では約30％の人が徴兵名簿に載せられています。東北地方では，農家の次・三男の多くが徴兵されたと推測されます。

　しかし，国民皆兵は，戦争の時には国民が平等に戦地へ赴くのが原則です。免役規定があると国民が一丸となって戦争するという理念がなくなります。まず，1879（明治12）年の大改正で，家の相続者の規定が厳しくなり，1883（明治16）年の改正では，身体的条件で不適格者以外の免役を認めず，嗣子も戸主60歳以上の嗣子に限定され，代人料は廃止されます。日清戦争が迫った1889（明治22）年の全面改正で，家による免役はすべて削除されました。国家を担うエリート層（大学生など）については，太平洋戦争中の学徒出陣の時には，徴兵延期の廃止が行われました。

徴兵免役者状況（明治9年）

		なお軍管区別免役者率は，
20歳壮丁の総員	296,086 人	第一（東京）87.1％，
徴兵連名簿人員	53,226	第二（仙台）70.6％，
免役連名簿人員	242,860	第三（名古屋）80.8％，
免役者百分率	82.0 ％	第四（大阪）80.8％，
		第五（広島）77.0％，
		第六（熊本）81.0％．

　製糸という言葉は，繭から生糸をつくる作業だけに使われます。他方，綿や毛などの繊維を撚り合わせて糸をつくる作業が紡績です。

　糸はロープと同様に，より細い繊維を組み合わせてつくられます。繊維を撚り合わせる，すなわち「紡ぐ」ことで糸をつくるのが紡績で，麻・綿・羊毛を初めとする，各種の繊維に利用される技法です。

　これに対して，生糸をつくるには繭を煮て柔らかくし，蚕が吐き出した繊維を引き出します。この時，繊維を固めて繭の形にする接着剤の役割りをはたしているセリシンが一緒に溶け出し，そのまま繊維に付着するので，引き出した繊維をそのまま軽く撚り合わせれば，互いにセリシンの力で接着されます。

　紡績では撚り合わせることだけによって，繊維が組み合わせられているのに対し，生糸はこのセリシンという天然の接着剤の力を借りているのです。生糸をつくる作業は，糸を「挽く」「引く」「取る」「繰る」などといわれ，製糸という特別な言葉が充てられているのです。

　紡績で，糸を紡ぐ主役は機械でした。羊から刈り取られた毛や，綿花の実のまわりを囲む綿は，紡績工程の前に不要物を取り除き，繊維を梳いて一定方向にそろえる必要があります。最終的に糸を紡ぐ前に，何段階にも分けて繊維を引き伸ばし，撚りをかけて準備をしなくてはなりません。そのため，紡績の機械化は一連の機械体系をつくり上げることで成しとげられました。

　1867（慶応3）年，薩摩藩の集成館・鹿児島紡績所において，日本で初めての機械制綿糸紡績が行われた時，すでにイギリス製の打綿機，梳綿機，練条機，始紡機，間紡機，練紡機，精紡機が輸入され，綿はこれらの機械を順に通って糸になりました。もう，鹿児島紡績所の段階

で近代的な機械工業になっていたのです。つまり，紡績の労働者はそれ
ぞれの機械に原料を挿入（そうにゅう）し，また製品を取り出して次の工程の機械に
運び，あるいは糸が切れた時の対応にあたります。糸を紡ぐ主役は，機
械になったのです。

　これに対して，製糸の機械化は糸を巻きあげる動力を統一し，また繭
を煮て糸を引き出す間に，セリシンが再凝固しないよう保温しておくた
めに，ボイラーからの高温・高圧での蒸気を利用して簡便化しようとす
る面で進んで行きました。作業は，繭を煮て，また繭の糸口を探し，巻
き上げられていく糸の太さを見計らいながら，適切に添えていく（接緒（せっちょ）
といいます），という基本的行程があり，その工程は人の手に頼ったの
です。このため，紡績「機械」に対して，製糸の機械は人の手による作
業を補助するもので「器械」と表記するのです（動力の活用や工場を生
み出したことを重視して「機械」と表記する考え方もあります）。

集成館

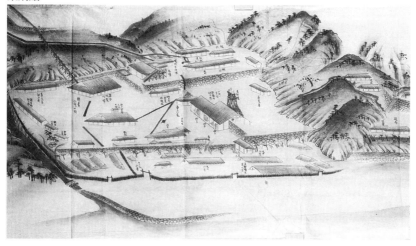

⑩ 琉球漂流民殺害事件とはどのような事件だったのか

　1871（明治4）年11月，宮古島から琉球王府へ貢租を納めた船が，帰路で台風に遭い，台湾の東南海岸の八瑤湾に漂着しました。船には総勢69名の琉球島民が乗り込んでいましたが，上陸の際に3名が溺死し（異説あり），実際に上陸できたのは66名でした。彼らは，「蕃社」（社は集落の意）に迷い込み，原住民によって惨殺されたのです。生存者12名は，現地の漢族に救助され，福州，長崎を経由して帰島しました。

　この報に接した明治政府は，1872（明治5）年に「琉球藩」を設置しました。ついで1874（明治7）年に，閣議で「台湾出兵」を決定して，遠征のために台湾蕃地事務局（長官は大隈重信）を設置したのです。国内外の反対によっていったん中止を決めましたが，都督西郷従道を中心に台湾への派兵を強行したのです。

　この出兵に抗議した清国と交渉を進めて協定（日清互換条款）を結び，日本は撤兵と引き換えに清国が賠償金を支払うこと，そして出兵は日本の属領民が殺害されたことに対する「義挙」であるとの主張を通すことで，琉球の所属が日本であることを清国に認めさせました。いわゆる「琉球処分」の契機となった事件で，これが「琉球漂流民殺害事件」です。

　この事件の死亡者や生存者の氏名・役職名が判明したのは，1927（昭和2）年でした。生存者の1人が，当時，台湾総督府交通局鉄道部工務課長であった照屋宏（沖縄出身）に，自らを救助してくれた人物の所在調査を依頼したことを機に，照屋は事件の詳細な調査を開始しました。調査によって判明した死亡者の氏名は，同年12月の墓碑改修時に墓碑の台座に刻銘され，その調査結果は翌年3月『牡丹社遭難民墓碑改修報告書』として刊行されています。

報告書には，死亡者と生存者の住所・役職名・氏名が掲載されています。これら漂着者の役職名から，明らかに大多数は琉球の士族であることがわかりました。漁民ではありません。調査の依頼者が照屋に語ったところによれば，首里出身の謝花という人物は「多少文筆の才があった。各所にて筆談で用を弁したのは専ら彼であった」と述べています。漢文を書けたのです。漁民ではなかったことがわかります。また，69名も乗せる大型船が当時の漁船とは考えられません。王府への貢納船であった可能性が高いでしょう。

　漂流民を殺害した台湾の原住民は，パイワン族とされていますが，殺害した「社」（集落）や，殺害の理由については諸説があって不明のことが多いのです。殺害された琉球島民については，その氏名さえ，事件後の半世紀を経てようやく明らかになったほどです。しかし，この事件は国際的な事件にまで発展し，さらに島民の帰属する「琉球」の存在をも揺るがす結果となったのです。

西南諸島周辺

④ 1874.10 北京
和議（日清互換条款）成立
・日本の台湾出兵を正当な行動と認める
・清が50万両（約77万円）の賠償金を支払う

② 1874.5
西郷従道らが長崎を出発

長崎

奄美大島
沖縄諸島
琉球藩
先島諸島
宮古列島
台湾　八重山列島
漂流地点
上陸地点

① 1871.11 琉球漂流民殺害事件
③ 1874.5 社寮に上陸→蕃地の平定
⑤ 1874.12 台湾撤退

11 明治時代の経済発展に，特殊銀行はどのように関わったか

　明治時代には，一般の銀行とは異なる業務を行う特殊銀行がありました。特殊銀行は，特別法によって特定の分野に資金を供給することを目的に設立され，国の政策に大きく影響される銀行でした。明治時代の中頃，国の重要な政策を実現する手段として，特定の分野に資金を円滑・安定的に供給するために，特別法に基づいて日本勧業銀行（勧銀），日本興業銀行（興銀），農工銀行（農銀）の3行が設立されました。特殊銀行としては，この3行のほかに，外国為替業務に特化した横浜正金銀行（1879年設立），日本銀行，朝鮮銀行，台湾銀行がありました。

　まず，誰が勧銀，興銀，農銀の設立を構想したのでしょうか。それは，明治時代の財政・金融を主導した松方正義です。松方は，1890（明治23）年に，「日本興業銀行，動産銀行及農業銀行設立趣旨ノ総説明」で，①農工業の発展を支援する日本興業銀行（1897年に日本勧業銀行として設立），②株式会社による新しい工業の発展を支援する動産銀行（1902年に日本興業銀行として設立），③小農への資金供給を目的とする農業銀行（1898〜1900年に農工銀行として設立），を3本柱とする特殊銀行の設立を提唱しました。3行の名称が構想段階と設立後で異なるのは，特殊銀行としての意義と業務内容をめぐる政治的な駆け引きと妥協があったことを物語っています。

　次に，勧銀，興銀，農銀の特色を見ると，日本勧業銀行は，農業と家内工業を地盤とした日本の産業構造を改組して，近代産業の勃興を促すことを目的に設立されました。そして，農地所有者の資金需要が減退すると，都市部の融資金額の小さい中小商工業者への金融事業で興銀との棲み分けをはかりました。

　日本興業銀行は，長期の産業資金を安定的に供給するため，債券発行

によって資金を調達し，工業・電力業・運輸業の需要に応えるため設立されました。

　農工銀行は，勧銀のように，その貸付は農業・工業の発達改良に限定されましたが，農工銀行法第2条で「1府県をもて1営業区域」と規定され，府県ごとに設置されました。勧銀と対象が重複したため，1922〜44年まで，個別に4回にわたる合併で勧銀が農銀を吸収し，各府県の農銀は勧銀の支店となりました。

　その後，勧銀は，1950年に普通銀行へ転換したのち，1971年に第一銀行と合併し，第一勧業銀行となりました。興銀も1950年に普通銀行へ転換したのち，1952年に長期信用銀行に再転換しました。第一勧業銀行と長期信用銀行は，バブル経済が崩壊したあとの銀行再編のなかで，富士銀行（旧安田銀行）とともに2002年にみずほフィナンシャルグループとして統合され，2013年より現在のみずほ銀行となりました。

特殊銀行

銀行名	設立年	内容
横浜正金銀行	1879	1880年開業。貿易金融が目的。1887年に特殊銀行。1946年，東京銀行と改称し，普通銀行になる。のちに三菱銀行と合併。現在，三菱UFJ銀行
日本勧業銀行	1897	農・工業の発展のため，長期貸付が目的。1950年，普通銀行になる。現在，みずほ銀行
農工銀行	1898〜1900	地方の農工業発展のための長期貸付が目的。各府県に設立され，のちに日本勧業銀行に合併。現在，みずほ銀行
北海道拓殖銀行	1900	北海道の開拓事業への資金供給が目的。1950年，普通銀行になる。1997年に経営破綻
日本興業銀行	1902	産業資本の長期融資が目的。外資導入や資本輸出に貢献。1952年，長期信用銀行に転換。現在，みずほ銀行
台湾銀行	1899	日本統治下の台湾における中央銀行。台湾の近代化や開発に貢献
朝鮮銀行	1911	日本統治下の朝鮮における中央銀行。殖産興業・満蒙開拓に貢献

12 緊急勅令はどのような時に発令されたのか

　緊急勅令は，大日本帝国憲法第8条に規定され，天皇大権の1つとして数えられています。その第1項では，「天皇が公共の安全を守り，その災厄を避けるため緊急の必要により帝国議会閉会中において法律に代る勅令」を出すことができるとされました。第2項では，次の議会に承諾を求めることが定められていて，議会の不承諾，もしくは審議未了の場合にはその効力を将来に失うとされています。公布までの流れは，政府による勅令案諮詢の奏請，枢密院への諮詢，同院の審議で可決されれば公布となりました。

　通常の勅令は法律の変更ができなく，法律に定めのない罰則を含む勅令を発することができません。しかし，緊急勅令は議会閉会中にもそれらが可能だったのです。緊急勅令は，法律と勅令の両方の性格を有していたといえます。

　最初の緊急勅令は，1891（明治24）年，大津事件の時に出された出版物取締のためのものでした。このような取締を目的とした緊急勅令には，「議員選挙ニ就キ人ヲ殺傷スヘキ物件携帯禁止ノ件」（明治31年）や，この勅令の規定に金銭や饗応による買収の取締などを加えた「衆議院議員選挙取締ニ関スル罰則」（同年）があります。

　田中義一内閣が治安維持法に死刑や無期懲役の規定を入れたことに批判が多い「治安維持法中改正」（1928年の勅令）も，この1つとして数えることができます。この勅令案が枢密院で審議された時，枢密顧問官の1人が，なぜ「治安維持法中改正案」審議のために議会の会期を延長しないで，議会終了後に緊急勅令として出したかを質問しました。田中義一首相は，「衆議院が治安維持法の改正を握りつぶす底意があったから」と答えています。

これらに比べれば，経済危機や非常事態下での公布は，制度本来の趣旨に沿っていると考えやすいのです。

　経済危機下の事例としては，米騒動の時の「穀類収容令」（1918年）や「米及籾ノ輸入税ノ低減又ハ免除ニ関スル件」（同年），犬養毅内閣が金輸出を再禁止する時に，日本銀行券の金兌換停止を定めた「銀行券ノ金貨兌換ニ関スル件」（1931年）があります。太平洋戦争終戦後の急激なインフレをくい止めるために公布された「金融緊急措置令」（昭和21年）と「日本銀行券預入令」（同年）も，経済危機の時の公布例といえます。預金封鎖と新円切替は，緊急勅令に基づいて行われたのです。

　非常事態下の事例としては，戒厳令発令の事例でもある日比谷焼打ち事件，関東大震災，二・二六事件が代表例です。関東大震災では，合計16件の緊急勅令が発令されました。

　大日本帝国憲法には，議会閉会中の緊急の財政処分を認めた第70条が存在します。1927（昭和2）年の金融恐慌を乗り切るため，若槻礼次郎内閣は日本銀行の無担保融資による台湾銀行救済を目的とした緊急勅令案と，第70条に基づいた2億円を限度とする損失保障の緊急財政処分案を枢密院にはかりました。しかし，幣原外交への不満から，枢密院は枢密顧問官の伊東巳代治を中心に，緊急勅令も緊急財政処分もその要件を満たさないと否決し，若槻内閣は退陣したのです。

金融緊急措置令で新円を受け取る女性

1946年2月17日に公布された金融緊急措置令によって，3月3日から旧円の通用は禁止された。これによる金融インフレ収束は一時的であった。

新円証書を貼った十円札

金融緊急措置令による新円発行は印刷が間にあわず，旧円にシールを貼って通用させた。右上がそのシール。

13 戦前の樺太はどのように統治されたのか

　日本の植民地を，大日本帝国憲法発布（1889年）以降の編入領土とする通説に立てば，樺太（カラフト）は朝鮮や台湾と並んで植民地です。樺太は1905（明治38）年の日露戦後のポーツマス講和条約で，北緯50度以南の日本領有が決定しました。しかし，樺太は植民地視されていません。なぜなら，日本人の一部には，それに先立つ1875（明治8）年の「樺太・千島交換条約」によって放棄された「旧領の回復」と考える人がいたからです。独断的な榎本武揚（えのもとたけあき）の「樺太・千島交換条約」調印を，内心承服できない人もいたのです。

境界標石

　また樺太では，先住民族が少数なのに加え，ロシア人の多くは引き揚げたため，人口の90%以上を日本人が占めたのです。つまり，樺太は同じ「植民地」の枠組に属する朝鮮や台湾よりも，むしろ北海道に近い社会でした。

境界標石設置の様子（『明治神宮　聖徳記念絵画館壁画』より作成）

　植民地性が希薄な樺太ですが，「植民地の中の植民地」という一面も見逃せません。領有当初から，政府は日本人が移住することを奨励していましたが，厳しい気候や未開発のために日本人の移住は進みませんでした。そこで，韓国併合後に目をつけたのが朝鮮人です。初めは，炭鉱

の季節労働力でしたが，ロシア革命を契機に，朝鮮半島から沿海州（シベリア沿岸）へ移住してきた朝鮮人が，社会主義国ソ連を恐れて樺太へ家族を連れて移動してきました。1930年以後，一時は樺太庁を慌（あわ）てさせるほど，樺太の朝鮮人人口が増大しました。植民地樺太のなかに植民地朝鮮民族の社会が形成されました。戦中期，樺太の資源を開発する労働力として，朝鮮人の動員が本格化しました。その動員された朝鮮人と戦前から居住していた朝鮮人の多くは，終戦時に朝鮮半島への帰還が許されず，現在でも残留朝鮮人問題が続いています。

　樺太では，日露戦争後から，軍人総督制をとらず，民間人が樺太庁長官でした。その長官には委任立法権がなく，内地法を延長施行していました。経済的にも内地の「関税法」が適用され，関税制度も内地並みでした。北海道との共通性が際立っていた樺太は，1943（昭和18）年4月に内地に編入され，樺太は名実ともに北海道とほぼ同等の地位となったのです。

　1951（昭和26）年のサンフランシスコ講和会議で，日本は植民地を放棄しました。その結果，対馬海峡（つしま）にも，琉球諸島西端にも，そして宗谷（そうや）海峡にも，国境線が引かれました。ところが，高等学校の「地図帳」を開いてみると，樺太（サハリン島）には，宗谷海峡のみならず，なかほどの北緯50度線上にも国境線があります。その理由は，ソ連がアメリカ合衆国の準備した対日平和条約草案に調印しなかったため，戦前の国境線が消えていないからです。北緯50度以南の旧「樺太」は，今も国際法上では帰属未解決のままの場所なのです。戦後の日本政府は，公式に樺太の返還を求めてはいません。

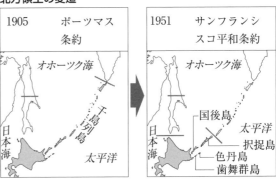

北方領土の変遷

13　戦前の樺太はどのように統治されたのか　147

14 戦前に南洋諸島はどのように統治されたのか

　南洋諸島は，現在のミクロネシアに相当します。赤道以北より北緯20度以南，東経130〜180度の太平洋に散在する島々の総称です。第一次世界大戦で連合国軍側として参戦した日本は，その南洋諸島を領土に限りなく近い，「委任統治領」として国際連盟から統治を任されました。

　南洋諸島の領有に関心が高かったのは，海軍でした。南洋諸島は，大きくマリアナ，カロリン，マーシャルの3諸島より構成され，西端であるパラオ諸島のトコベイ島からフィリピンへは740km，東端であるマーシャル諸島のミレ島からウェーキ島までは1300km，しかも南端200km先で英領ギルバート諸島に接しています。このため，南洋諸島の戦略的重要性は帝国主義的な領土獲得競争のなかで高まりました。日本国内でも，太平洋への進出をねらう「南進論」も高まります。また，日露戦後に日米対立が深まると，日米間の火種ともなりました。

　第一次世界大戦への参戦で，日本は当時ドイツ領であった南洋諸島の領土化という，千載一遇の機会を得ました。アメリカを仮想敵国としていた日本海軍は，1914（大正3）年10月末までに各島へ特別陸戦隊を駐屯させ，軍政を敷きました。同年12月には，臨時南洋群島防備隊条例を定め，司令部に民政顧問をおき，サイパン，パラオ，トラック，ボナペ，ヤルートの5民政区に分け（のちにヤップを増設し6民政区），民政へ移行しました。

　民政へ移行する過程で，1921（大正10）年4月，南洋諸島は国際連盟から日本の委任統治領となりました。このため，正式な行政機関が必要となり，1922（大正11）年3月，臨時南洋群島防備隊は廃止となり，4月に南洋庁が設置され，庁舎はパラオ諸島のコロールにおかれました。初代南洋庁長官は防備隊民政部長手塚敏郎がそのまま就任しました。

軍政の民政区は6つの支庁となり，軍政期の官吏がそのままスライドしました。また，南洋庁長官は，有事の時，必要に応じて鎮守府司令官や近海を航海する艦隊の海軍主席指揮

委任統治領

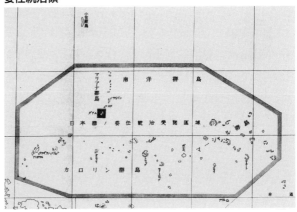

官に兵力の使用を要請することができました。

　占領当初の産業は，コプラ製造（ココ椰子から石鹸<ruby>石鹸<rt>せっけん</rt></ruby>や人造バターをつくる）や燐鉱<ruby>燐鉱<rt>りんこう</rt></ruby>など，旧ドイツ領の産業を引き継ぎましたが，南洋庁は水産業や製糖業を奨励しました。製糖業を目的に2つの民間会社が進出しましたが，経営に失敗し，破綻しました。1000人にのぼる邦人従業員は飢餓移民と化しました。そのため，民生部長から南洋庁長官となった手塚敏郎<ruby>新高<rt>にいたか</rt></ruby>は，移民救済を目的として元新高製糖株式会社常務の松江春次<ruby>松江春次<rt>まつえはるじ</rt></ruby>に依頼し，資金面では国策会社東洋拓殖会社の援助を得て，南洋興発<ruby>興発<rt>こうはつ</rt></ruby>株式会社を誕生させました。同社は数度の失敗を経て，製糖業を軌道<ruby>軌道<rt>きどう</rt></ruby>にのせ，南洋諸島を代表する産業となりました。

　南洋諸島は，太平洋戦争末期の1944（昭和19）年7月に，サイパンが陥落し，11月にはペリリューが玉砕<ruby>玉砕<rt>ぎょくさい</rt></ruby>しました。南洋諸島のすべてが米軍の占領下におかれ，南洋庁は事実上消滅しました。

サイパン支庁ロタ出張所全景

15 重要産業統制法が統制経済の始まりなのはなぜか

　重要産業統制法は，1931（昭和6）年4月，立憲民政党の浜口雄幸（はまぐちおさち）内閣によって，昭和恐慌下で企業業績や収益が一気に悪化したことを背景に公布されました。この法律は，重化学工業や繊維工業などの重要産業において，販売や価格のカルテルを強化しようとすることが目的でした。

　カルテルは，同一業種の企業が協定を結び，生産の制限を行い，販売価格における最低価格を決めたり，販路の制定にまで及ぶこともあります。カルテルによって企業の足並みを強制的にそろわせ，市場を規制し，企業の収益を安定させて，大不況を乗り切ろうとしたのです。

　浜口雄幸内閣は，対英米協調と緊縮（きんしゅく）財政を政策の両輪として日本経済を建て直し，金解禁（きんかいきん）（金本位制（きんほんい）に戻し，金の輸出入を自由化すること）を実行しようとしたのです。金解禁で為替（かわせ）相場を安定させたうえ，日本の輸出入も伸長（しんちょう）させ，日本経済を成長させるはずでした。

　しかし，ドルに対して円の為替相場を高めて金解禁を実施したことから，目論見（もくろみ）がはずれます。円の為替相場を高めるためには，まず緊縮財政を行うことにより紙幣発行量が減ります。そして通貨量が縮小して人びとの購買力は落ち，物価の下落（げらく）（デフレーション）が起きて不況になってきたのです。1930（昭和5）年1月，金解禁は実施されましたが，実はその3カ月前の1929（昭和4）年10月，世界恐慌が起こっていたのです。

　世界恐慌のなかで行った金解禁により，日本経済は昭和恐慌とよばれる大不況に突入しました。物価・株価の低落は激しく（表1），貿易も1929年は30％減少し，輸出の減少を精算するために，金解禁後の2年間で6億円の正貨（せいか）（金）が海外へ流出しました。90％がアメリカ向けであった生糸価格は大暴落で（表1の繭価（まゆか）を参照），養蚕（ようさん）農家は壊滅的打撃

をこうむったのです。

表1　昭和恐慌前後の指標

年	1929	30	31	32	33	34
消費者物価	100	89.8	79.5	80.4	82.9	84.0
米価（東京正米）	100(=1石28円92銭)	87.4	63.5	72.8	73.7	89.8
繭価	100(=10貫71円)	43.7	42.3	49.3	74.6	35.2
民営工場労働者数 （日銀指数）	100	90.0	81.7	82.0	89.9	100.2
〃　実収賃金	100	95.0	87.3	84.8	85.9	87.8
東京株価	100	61.7	62.7	78.6	113.1	138

昭和恐慌前後の指標（1929年＝100）（「近代日本経済史要覧」）

表2　産業別カルテルの発展

年	第一次 大戦前	1914〜26	1927〜29	1930〜	不詳	計
重工業	—	5	6	19	6	33
化学工業	5	6	1	18	1	31
繊維工業	1	1	3	6	—	11
食料品工業	1	—	2	5		8
計	7	12	12	48	4	83

産業別カルテルの発展（高橋亀吉「日本経済統制論」）

　昭和恐慌は，工業の不況が深刻化するとともに，農業恐慌も重なり，日本資本主義の根底を揺がしたのです。

　昭和恐慌の下で企業を救済する手段として，浜口内閣は重要産業統制法を制定したのです。この法律は，恐慌下の重要産業を保護し，企業の国際競争力をつけることを目的としたものです。海運・電力・綿織物・過燐酸部門などで，カルテルが結成され，価格・販売協定，生産制限，輸出協定なども行われました。重要産業統制法では，政府指定の重要産業について，同業者の半数以上がカルテルに加盟し，その3分の2以上の申請があれば，非加盟者（アウトサイダーという）にも協定条件の実行を強制できました。表2のように，1930年以降，カルテルは一気に拡大して，市場の需給調整に政府の関与が強まります。こうしたやり方は，のちの戦時統制経済への転換期にも重要な役割を果たしたのです。その意味で重要産業統制法は統制経済の始まりなのです。

16 軍票という戦時特殊通貨はどのようなものか

軍票（ぐんぴょう）（正式には「軍用手票（しゅひょう）」といい，軍票はその略語）は，戦争に際して交戦国や戦場となった関係国において，戦闘中やその後の軍需諸物資の調達，自軍兵士や運輸・工事などに徴発した現地労働者に対する賃金支払いなどに外国の軍隊が使用した戦時特殊通貨のことです。

古今東西，戦争という非常時には，交戦軍は相互に敵側の非戦闘員に対する物質的な略奪（りゃくだつ）をほしいままにするのが常でした。しかし，近代国際法の確立にともなって，世界的には取り締まる方向へ向います。

1907年にオランダのハーグで開かれた第2回万国平和会議で，陸戦法規条約が締結され，必要物資は軍票を代価に強制購買されることになりました。第一次世界大戦から軍票の使用が普及します。日本軍票は，早くも日清戦争で使用が計画されましたが，結局，休戦で使用されず，日露戦争から使用されました。第一次世界大戦に際し，日本軍による1914（大正3）年の対独の青島（チンタオ）攻略や，1918（大正7）年のシベリア出兵でも使用されました。

1937（昭和12）年7月，日中戦争が勃発すると，日本軍はとりあえず日本銀行券を使用して物資を調達しましたが，同年11月に至って，初めて軍票を使用しました。翌1938（昭和13）年11月以降は，上海（シャンハイ）を除く華中（かちゅう）の占領地では軍票のみに統一されました。

しかし華中では，英・米両国の支援を受けた中国国民政府の通貨（法幣（ほうへい））の流通力が強力で，そのため，日本は法幣を駆逐（くちく）するのではなく，それと等価を維持して，軍票が流通するようにしましたが，軍票の地位は低いものでした。

1940（昭和15）年3月，南京に汪兆銘（おうちょうめい）政権が樹立され，中央銀行として中央儲備銀行が設立されると，同行の儲備（ちょび）券により法幣を回収して

幣制統一がめざされました。

　太平洋戦争が勃発した翌42年春からは，儲備券による華中の通貨統一が急速に進みます。2対1の比率で，法幣が儲備券へ全面的に交換され，儲備券100元＝軍票18円の固定相場が確立し，法幣の流通は禁止されます。軍票の新規発行も停止され，華中では儲備券へ通貨統一が完了しました。日中戦争以来の軍票は，その役割を終えました。

　マレー半島では，従来の通貨，海峡ドル紙幣が日本軍の占領時に焼却されたり，撤退したイギリス軍が持ち去ったため，海峡ドル表示の軍票はそれと等価で都市部を中心に流通しました。イギリス領だった北ボルネオも，海峡ドル表示軍票が使用されました。ビルマ（現在のミャンマー）でも，日本軍が現地通貨を確保できなかったため，当初は海峡ドル軍票でしたが，徐々にルピー表示軍票にかわります。ジャワ・スマトラはギルダー表示軍票です。おおむね，南方占領地では円滑に流通したようです。

日中戦争初期の軍票（古い日本銀行券を代用）

海峡5ドルの軍票（ヤシの実のデザイン）

17 学徒出陣とはどのようなことか

　1943（昭和18）年10月，徴兵猶予停止にともない，理工系・教員養成系以外の学生・生徒が兵員として戦争に参加（陸軍は入営といい，海軍は入団という）することを，一般的に学徒出陣といいます。学徒出陣の成立については，2つの面から考える必要があります。1つは学生・生徒の徴兵猶予の停止，もう1つは在学・修学年限の短縮です。

　学徒出陣の法的根拠は，1943年10月2日に公布された「在学徴集延期臨時特例」（勅令第755号・即日施行）にあります。この特例は，兵役法第41条第4項の規定によって，徴兵延期を行わないとするきわめて簡単な条文です。在学による徴兵延期は，徴兵令の時代から継続され，1927（昭和2）年の兵役法にも受け継がれました。将来の国家を担うエリート層を，戦争で失うことがないようにする規定です。

　しかし，1939（昭和14）年の兵役法改正で，徴兵を延期しない場合があるという規定が初めて盛り込まれます。高等教育機関と戦争とのかかわりにとって，画期となる事態です。理・工・医・農学系学生の入営延期は，1943年11月の兵役法改正で定められ，その後に，陸軍省令で延期される学校とその期間が告示されます。

　もう1つの動きが，在学・修学年限を短縮する措置です。1941（昭和16）年10月16日，勅令によって大学・専門学校の修学年限を1941年度以降，6カ月以内で短縮することができるようになりました。理由は，「下級幹部の教育養成」「人的資源の活用」「軍需生産の増強」とされています。つまり，戦争による人的資源の消耗を補うためです。のちの学徒動員，学徒出陣の予兆です。これ以降，文部省令によって，1941年度は3カ月，1942年度から1945年度までそれぞれ6カ月短縮されます。

　まず，学生・生徒の徴兵延期の撤廃，修学年限の短縮が行われたのは，

対米・英・蘭戦の開始時期と戦争準備が決定された，1941年9月6日の御前会議による「帝国国策遂行要領」の決定に基づくものでした。さらに，1943年2月のガダルカナルでの敗北以降，高等教育機関に在学する学生・生徒を直接的に兵員として調達することが課題となり，同年9月，在学・修学年限の短縮による第3回の繰り上げ卒業が実施されます。

1943年度に臨時徴兵検査を受けた人は，大学生約5万人，高等学校・専門学校生約4万人の計9万人と推計されています。「学徒出陣」組の入隊は，その約半数の4万8000人程度とされ，それに理・医・工系の学生・生徒，文部省所管外の人を加えると，4万9000人から5万人に近いと考えられます。「学徒出陣」組の全戦没者は，約4600人と推定されています。出陣者数，戦没者数に端的に現われているように，学徒出陣の全体像は不明のまま残されてきたといわざるを得ないのです。

『きけわだつみのこえ』の表紙

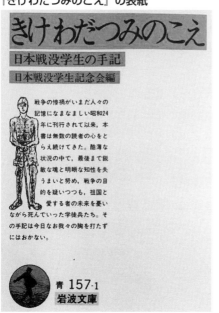

『学徒出陣の記録』の表紙

⑱ "墨ぬり教科書" とは何か

　軍国主義で書かれた戦時教材を封印する，教科書の"墨ぬり"措置は，戦後の教育界における混乱を象徴する出来事といえます。"墨ぬり"指示は，敗戦直後の1945（昭和20）年9月に出されました。教育改革の先取りという面もありました。GHQの政策に先行する形で，過去をどう清算するか，行政の立場から講じた判断が"墨ぬり"でした。この手法は，一面で「後ろ向き」の態度でしたが，同時に自己批判の表現でもあり，「前向き」とする考え方も同居していたのです。

　文部省は，ポツダム宣言を受諾したのち，1945年8月28日に次官通牒を発して，戦時での勤労作業による授業停止の状態からの復帰を指示しました。9月15日には，「新日本建設ノ教育方針」で，文部省は戦後の日本が教育の面からも世界の平和と人類の福祉に貢献することを明示し，「軍国主義思想」の払拭が明言されました。

　教科書に関しては，当面は「訂正削除の指示」による応急措置でのぞむこととなり，この「訂正削除」が"墨ぬり"へとつながります。5日後の9月20日，その部分的修正削除の規準を，「国防軍備ヲ強調」「戦意昂揚」「国際ノ和親ヲ妨グル」など5項目とし，同じ9月20日の次官通牒で，削除すべき教材の一例を国民学校の国語教科書（後期用）で例示しました。こうして1945年9月から半年間の，"墨ぬり教科書"の時代がおとずれます。

　国定教科書は1904（明治37）年に始まり，終戦直後の7期まで，45年間も使用されました。小学校の歴史分野で有名な『くにのあゆみ』は，第7期の国定です。したがって，"墨ぬり教科書"は第6期の教科書が該当しますが，応急措置で"墨ぬり"の対象となったのは，1941（昭和16）年改訂の第5期国定教科書でした。太平洋戦争の時に登場したこの

教科書は，軍部の強い圧力下で編集されたため，超国家主義・軍国主義の色彩が強いものでした。

1945年10月，幣原喜重郎首相に五大改革指令が出され，その第3項「教育の自由主義化」に基づき，「教育に関する四大指令」が出されました。軍国主義教育の禁止と民主主義教育の奨励が命じられました。その後，12月31日付で「修身・日本歴史・地理の授業停止」が通達されます。"墨ぬり"のみでは，目的の達成は不十分だったからです。

文部省教科書局のスケジュールでは，①20年度"墨ぬり"教科書，②21年度暫定分冊仮綴教科書，③22年度新教科書でしたが，1946（昭和21）年3月，アメリカ教育使節団が来日し，その勧告を背景として22年度4月新学年度の「社会科」導入のプランが決定しました。この間，3教科授業停止は，21年6月に地理が再開され，9月には国民学校用暫定教科書『くにのあゆみ』，10月には中学校用『日本の歴史』が発行され，歴史授業も再開されました。1947（昭和22）年3月の『学習指導要領一般編（試案）』は，混乱した戦後の教育界に，一応の安定をもたらしたのです。

墨ぬり教科書（昭和19年3月発行「高等科国語1」）

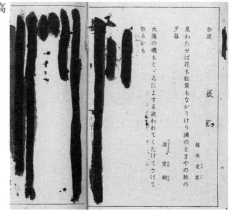

19 戦後初の総選挙は，どのように行われたのか

　1946（昭和21）年4月に行われ，戦後初の総選挙となった第22回総選挙は，戦後の民主主義の始まりのように考えられていますが，実は非常に特異な選挙だったのです。

　ナチス＝ドイツにならった全体主義国家建設をもくろんだ近衛文麿は，1940（昭和15）年，新体制運動をおこしました。立憲政友会・立憲民政党の2大政党や社会大衆党は，党を解散して新体制運動により結実した大政翼賛会に合流しました。1941（昭和16）年12月，太平洋戦争の緒戦で勝利するなか，日本政府は挙国一致を示すため，政府が事実上の公認候補（推薦候補）を立てるという異例の第21回総選挙（翼賛選挙）を，1942（昭和17）年4月に行いました。

　政府を批判していた鳩山一郎や尾崎行雄・斎藤隆夫の保守系非主流派は，非推薦で当選をはたしました。選挙後には唯一の政治団体である翼賛政治会がつくられました。しかし，戦争末期に一部の徹底抗戦派議員を切り離すために，翼賛政治会が解消し，1945（昭和20）年3月に大日本政治会を結成しました。

　終戦後，大日本政治会は解散し，11月までに日本社会党（旧社会大衆党），日本自由党（保守系非主流派），日本進歩党（保守系主流派）が復活したのです。

　1945年11月27日，幣原喜重郎内閣は，GHQの民主化方針のもとに，衆議院議員選挙法の改正案を帝国議会に提出しました。改正案は，女性参政権，有権者の年齢引下げ（満25歳から満20歳），大選挙区制の導入が柱です。この改正案は，衆議院・貴族院で可決され，12月17日に公布されました。これにより，有権者は約3688万人となり，国民の2人に1人が有権者となります。

幣原内閣は，12月18日に衆議院を解散し，総選挙投票日は翌1946年1月20日頃になる予定でした。政界では，太平洋戦争中に政府の推薦を受けた議員が多い保守主流派の日本進歩党が200議席を獲得し，過半数でなくとも衆議院第一党を保つと考えられていました。ところが，GHQは，翼賛議員が総選挙に立候補することの禁止を検討し，1月4日，日本政府へ公職追放を発令したのです。日本政府も，翼賛選挙の推薦議員の立候補禁止を発表しました。その結果，日本進歩党は現職274人中247人が立候補できなくなり，日本自由党でも10人，日本社会党も10人が立候補できませんでした。そうしたなかで，立候補者は日本の選挙史上最多の2770人にのぼりました。現職46人，元職94人，新人は2630人，新人率は95％です。女性は追放対象議員の身代り（妻など）を含めて79人が立候補しました。

　当選者は自由党140人，進歩党94人，社会党93人，協同党14人，共産党5人，諸派38人，無所属80人の464人（欠員2）でした。新旧の内訳は，初当選375人，現職38人，元職50人です。女性当選者は39人です。この第22回総選挙は，公職追放で現職の大多数が立候補できなかった上に，総選挙直後にGHQに反抗的と見なされた鳩山一郎や河野一郎も公職追放にされ，議会は百戦錬磨の有力政治家を失い，GHQに操られる存在になりました。

　議会が自主性を取り戻したのは，1949（昭和24）年1月の吉田茂内閣の総選挙です。与党の民主自由党がGHQの意向に反して過半数を占め，官僚出身の力のある新人議員を多数当選させ（池田勇人など），政策立案の力が増したことにより自主性を獲得したのです。

女性議員

所蔵・提供者一覧

日本史の賢問愚問

2020年 8 月25日　第 1 版 1 刷印刷
2020年 8 月30日　第 1 版 1 刷発行

編　者　中里　裕司

発行者　野澤　伸平

発行所　株式会社　山川出版社
　　　　〒101-0047　東京都千代田区内神田 1 -13-13
　　　　　　　電話　03-3293-8131（営業）　03-3293-8135（編集）
　　　　　　　https://www.yamakawa.co.jp/
　　　　　　　振替口座　00120-9-43993

印刷所　明和印刷株式会社

製本所　株式会社ブロケード

装　幀　菊地信義